DIREITOS HUMANOS

SÉRIE ESTUDOS JURÍDICOS: DIREITO PÚBLICO

inter
saberes

Daniella Maria Pinheiro

inter saberes

Rua Clara Vendramin, 58 . Mossunguê . Cep 81200-170 . Curitiba . PR . Brasil
Fone: (41) 2106-4170 . www.intersaberes.com . editora@intersaberes.com

Conselho editorial Dr. Alexandre Coutinho Pagliarini, Drª Elena Godoy, Dr. Neri dos Santos, Dr. Ulf Gregor Baranow ▪ **Editora-chefe** Lindsay Azambuja ▪ **Gerente editorial** Ariadne Nunes Wenger ▪ **Assistente editorial** Daniela Viroli Pereira Pinto ▪ **Preparação de originais** Fabrícia E. de Souza ▪ **Edição de texto** Letra & Língua Ltda. – ME ▪ **Capa** Luana Machado Amaro ▪ **Projeto gráfico** Mayra Yoshizawa ▪ **Diagramação** Sílvio Gabriel Spannenberg ▪ **Equipe de** *design* Sílvio Gabriel Spannenberg, Luana Machado Amaro ▪ **Iconografia** Regina Claudia Cruz Prestes

Dados Internacionais de Catalogação na Publicação (CIP) (Câmara Brasileira do Livro, SP, Brasil)
Pinheiro, Daniella Maria
Direitos humanos/Daniella Maria Pinheiro. Curitiba: InterSaberes, 2022. (Série Estudos Jurídicos: Direito Público)
Bibliografia.
ISBN 978-65-5517-168-6
1. Direitos fundamentais 2. Direitos humanos 3. Direitos humanos – História I. Título. II. Série.
22-111060   CDU-342.7
Índices para catálogo sistemático:
1. Direitos humanos: Direito 342.7
Cibele Maria Dias – Bibliotecária – CRB-8/9427

1ª edição, 2022.

Foi feito o depósito legal.

Informamos que é de inteira responsabilidade da autora a emissão de conceitos.

Nenhuma parte desta publicação poderá ser reproduzida por qualquer meio ou forma sem a prévia autorização da Editora InterSaberes.

A violação dos direitos autorais é crime estabelecido na Lei n. 9.610/1998 e punido pelo art. 184 do Código Penal.

Sumário

9 ▪ *Agradecimentos*

11 ▪ *Apresentação*

Capítulo 1
17 ▪ **Teoria geral dos direitos humanos**
18 | Breve evolução histórica dos direitos humanos
38 | Gerações e dimensões dos direitos humanos e fundamentais
53 | Fontes, fundamentos, características e classificações dos direitos humanos

Capítulo 2
65 ▪ **Estrutura da Organização das Nações Unidas (ONU) – Sistema internacional universal**
67 | Assembleia Geral
68 | Conselho de Segurança
70 | Corte Internacional de Justiça (CIJ), ou Corte de Haia, ou Corte Mundial
73 | Conselho Econômico e Social (Ecosoc)
75 | Secretariado-Geral
76 | Conselho de Tutela
76 | Mecanismos internacionais extraconvencionais e convencionais de proteção aos direitos humanos

Capítulo 3
85 ▪ **Estrutura da Organização das Nações Unidas (ONU) – Sistema internacional regional**
86 | Sistema europeu
89 | Sistema interamericano
93 | Sistema africano
94 | Sistema árabe
95 | Sistema asiático
95 | Particularidades sobre as Cortes internacionais regionais de proteção aos direitos humanos

Capítulo 4
101 ▪ **Organizações internacionais e a soberania no século XXI**
102 | Aspectos históricos que antecedem as organizações internacionais
104 | Organizações internacionais pós-Segunda Guerra Mundial
106 | Elementos, formas de atuação e características das organizações internacionais
110 | Desafios das organizações internacionais da atualidade: o fenômeno da pandemia de covid-19
113 | Soberania interna e soberania externa

Capítulo 5
119 ▪ **Globalização e direitos humanos no século XXI**
120 | Globalização, acordos comerciais e multilateralismo
134 | Direitos humanos na América Latina e no Mercado Comum do Sul (Mercosul)
149 | Revolução tecnológica e modelo de governança global

Capítulo 6

159 ▪ **Proteção aos tratados internacionais e regionais em direitos humanos e aos tratados em direitos humanos no Brasil e no contexto da América Latina do século XXI**

160 | Direitos fundamentais e direitos humanos no contexto da América Latina

167 | Direitos fundamentais e humanos no Estado democrático brasileiro após 1988

178 | O Brasil e a Emenda Constitucional n. 45/2004: uma homenagem aos tratados internacionais em matéria de direitos humanos

187 | Hierarquia dos tratados internacionais de direitos humanos no Brasil pós-Emenda Constitucional n. 45/2004

201 | Controle de convencionalidade brasileiro na América Latina: pela aproximação e pelo diálogo entre as jurisdições das Cortes

223 ▪ *Considerações finais*

227 ▪ *Lista de siglas*

231 ▪ *Referências*

263 ▪ *Sobre a autora*

Agradecimentos

Aos alunos e às alunas do curso de Direito do Centro Universitário Internacional Uninter.

Ao Professor André Peixoto, pelo honroso convite em compor a coleção de obras.

Aos colegas professores da instituição, que tornam a docência enriquecedora.

À direção e à coordenação do curso de Direito, pela confiança depositada.

Apresentação

Em tempos de guerra e de paz, sabemos o quanto os direitos humanos são alvo de violações, ainda em dias atuais, nos mais diversos espaços, em diferentes segmentos, em seus diversos aspectos geracionais: as liberdades, a igualdade, a solidariedade, os direitos coletivos, os direitos ao meio ambiente, o direito à paz. Diante desse cenário, é necessário que os mais diversos temas que envolvem a disciplina sejam debatidos pela ampla comunidade jurídica e pela sociedade.

A vulnerabilidade extrema que ocorre em diversas regiões ao redor do mundo passa a ser algo não mais vinculado a determinado momento da história mundial, mas a um contexto recorrente, sem precedentes, e que leva a uma preocupação cada vez maior acerca do arcabouço jurídico protetivo em matéria de direitos humanos, sobretudo nos países em desenvolvimento, como o Brasil, a exemplo da América Latina, em que a redemocratização é um fenômeno recente, o que torna a conquista de direitos fundamentais de primeira geração ainda um enorme desafio.

Por essa razão, nesta obra, nosso objetivo é apresentar um conteúdo prático, dinâmico, de modo a possibilitar a compreensão do percurso histórico evolutivo desde a Idade Antiga até a Modernidade, situando o leitor quanto aos principais fatos políticos, sociais e econômicos, englobando desde as guerras mundiais até aos dias atuais, especialmente no Brasil.

Assim, no Capítulo 1, abordamos a teoria geral dos direitos humanos, em um percurso histórico que abrange do período da Antiguidade até a Modernidade do século XXI. Examinamos fatos históricos bastante relevantes à compreensão do tema e, ainda, as fontes e os fundamentos dos direitos humanos geracionais, bem como as características e as classificações de tais direitos.

No Capítulo 2, evidenciamos o panorama pós-guerras mundiais que deu ensejo à criação da Carta da Organização das Nações Unidas (ONU) e do sistema onusiano de proteção aos direitos humanos. Ainda, tratamos da estrutura da ONU e de seus diversos órgãos de funcionamento, inclusive os mecanismos extraconvencionais e convencionais de proteção aos direitos humanos.

Na sequência, no Capítulo 3, analisamos a estrutura dos sistemas regionais de proteção aos direitos humanos, especialmente os sistemas europeu, americano e africano, já em funcionamento. Os sistemas europeu e americano são observados em nível mais avançado, enquanto o sistema africano vem se consolidando ao longo das últimas décadas. Por oportuno, também destacamos, brevemente, os sistemas árabe e asiático, ainda em fase de concepção. Ao final, analisamos algumas particularidades relacionadas às cortes internacionais regionais de atuação em matéria de direitos humanos no âmbito da ONU, demonstrando a necessidade, diante do fenômeno da globalização, da responsabilização de Estados pela violação de tais direitos e, também, o discurso crescente acerca da necessidade de responsabilização das empresas transnacionais nesse contexto, em que pese a inexistência de mecanismos jurídicos que possibilitem esse modo de atuação pelas cortes de direitos humanos.

No Capítulo 4, esclarecemos o contexto histórico do surgimento das organizações internacionais, o momento paradigmático pós-guerras mundiais, com a criação de um número exponencial de organizações. Nessa linha, examinamos os elementos, as formas de atuação e as características de organizações internacionais, ressaltando seu grau de importância no contexto internacional do mundo globalizado, em que, por força do crescimento das relações internacionais e dos tratados celebrados, passa a ser conferida uma nova ressignificação dos atributos de soberania no início do século XXI pelo fortalecimento do capitalismo em âmbito global e de um movimento de exaltação hegemônica do Estado-Nação por alguns Estados-membros. Assim, ao final do capítulo, abordamos os desafios impostos às organizações internacionais, como a pandemia de covid-19 e a necessidade de aprimoramento dos conceitos de soberania interna e externa, essencial ao crescimento e ao desenvolvimento dos países no contexto das relações internacionais para o século XXI.

No Capítulo 5, traçamos um importante retrospecto histórico acerca do crescimento da globalização e da internacionalização dos direitos humanos após as guerras mundiais até os dias atuais. Evidenciamos, ainda, a relevância de acordos comerciais e do multilateralismo para o crescimento econômico dos países e para o desenvolvimento humano nas diversas regiões discrepantes do planeta. Nessa linha, observamos, com ênfase, a celebração de tratados em matéria de direitos humanos para a América Latina, a formação e o crescimento do Mercado Comum do Sul (Mercosul) como importante região econômica a ser fortalecida para o desenvolvimento da região onde se situa o Brasil. Por fim, tratamos do fenômeno da revolução tecnológica, capaz de dar novo sentido ao crescimento e ao desenvolvimento dos países, bem como às relações internacionais, além da possibilidade de ressignificação de um modelo de governança global como um fenômeno da modernidade, plural, intrínseco às instituições públicas e privadas e em conjunto com atores da sociedade internacional, de modo a imprimir-se um novo modo de deliberação pública coletiva mundialmente.

Por último, no Capítulo 6, analisamos a proteção aos tratados internacionais e regionais em matéria de direitos humanos no contexto da América Latina e do Brasil do século XXI, especialmente o Estado brasileiro após a Constituição de 1988. Ademais, abordamos a homenagem rendida aos tratados internacionais em matéria de direitos humanos após a Emenda Constitucional n. 45/2004 e os reflexos jurídicos decorrentes dessa nova conjuntura estatal. Por fim, na linha do fortalecimento de um constitucionalismo latino-americano para a região e de uma aproximação de diálogos entre cortes constitucionais, há também a necessidade do fortalecimento do controle de convencionalidade, em respeito às decisões da Corte Interamericana de Direitos Humanos e a fim de permitir um relevante intercâmbio entre cortes regionais em matéria de direitos humanos, como forma de enaltecer tais direitos ante as fragilidades cotidianas em âmbito global.

Por finalidade maior, nesta obra, pretendemos trazer os esclarecimentos necessários à proteção e à concretização dos direitos humanos, de modo a fomentar uma cultura jurídica de promoção à dignidade humana em vários níveis e a promover o fortalecimento desse importante ramo do direito, que é indissociável das relações humanas, seja no âmbito interno, seja nas esferas regionais e internacional, fortalecendo, sobretudo, os pilares da democracia e do Estado de Direito.

Capítulo 1

Teoria geral dos direitos humanos

A evolução da humanidade é marcada por uma verdadeira saga aos direitos humanos. A cada período da história da civilização, os direitos humanos foram alvo de lutas e conquistas. Considerados vitais para uma vida digna e de bem-estar na condição humana (Flores, 2009), podem abranger, modernamente, os direitos inerentes à vida em sentido amplo, no planeta.

Inicialmente, realizaremos um percurso histórico a fim de traçar uma retrospectiva acerca de tais direitos, já que somente é possível compreender o processo de evolução histórica dos direitos humanos de acordo com determinados períodos e documentos históricos que marcam a evolução dos processos político, jurídico e econômico na Europa Ocidental, principalmente após a consolidação do capitalismo em âmbito global e a revolução tecnológica da informação.

— 1.1 —
Breve evolução histórica dos direitos humanos

Desde a Idade Antiga, com a criação do Código de Hamurabi, no século XVIII a.C., pelo sexto rei da Babilônia, até o século XXI da nossa era, os direitos humanos são constantemente ameaçados e revisitados, estando em contínua transformação.

Não há como precisar um período para o surgimento dos direitos humanos, uma vez que tal fenômeno está intrinsicamente relacionado à evolução da humanidade. Teóricos afirmam que, em 539 a.C., houve uma grande demonstração de respeito a tais direitos com a celebração do Cilindro de Ciro, um monumento que Ciro III, o Rei da Pérsia, quando da conquista da Babilônia, ofereceu de presente a seu povo, juntamente à consagração de direitos e liberdades por meio decreto/declaração elaborado na forma de um cilindro de barro. Esse momento exaltava a liberdade religiosa e a abolição da escravatura e, ainda, a liberdade dos exilados às terras de origem. Tal documento é conhecido como a **Primeira Declaração de Direitos Humanos** – daí sua importância histórica.

Ainda na Idade Antiga, o relevante tema dos direitos humanos para o berço da civilização ocidental teve como marco o direito dos romanos e a filosofia dos gregos. O duradouro Império de Roma contribuiu significativamente, no século V a.C., para a criação de um direito com a **Lei das XII Tábuas**, documento que representava a república romana em resposta aos plebeus, em que se consagravam direitos atualmente considerados humanos, como liberdade, propriedade e cidadania. Na Grécia do século VII a.c., foram estabelecidos os conceitos filosóficos de justiça, democracia, igualdade e liberdade, que faziam parte do mundo da filosofia dos gregos e que tanto são utilizados nos dias atuais. Ambas as civilizações, romana e grega, contribuíram muito para a criação dos direitos considerados essenciais até a atualidade.

Já a Idade Média, para alguns, não se trata de um período de grande avanço em matéria de direitos humanos; inclusive, o período pode ser denominado *uma noite negra para a humanidade*. Para outros, pode ser considerado um "extraordinário período de criação" (Dallari, 2016, p. 28), pois a sociedade eurocêntrica precisou reinventar-se em razão das inconsistências político-estruturais da época, marcadas pelo poder da Igreja. Com São Thomas de Aquino (1225-1274), houve um grande avanço no desenvolvimento dos **direitos naturais**, também denominados *jusnaturalismo*, ou seja, o direito que nasce e decorre da própria existência do ser humano, tal como vida, liberdade etc.

De fato, foi um período da história da civilização em que a invasão dos bárbaros e a queda do Império Romano já enfraquecido provocaram grande crise econômica, política, social, cultural, com a necessidade de reestruturação da sociedade medieval feudal da época. A Magna Carta de João sem Terra, de 1215, pode bem traduzir a preocupação dos reis em manter-se no poder, como uma resposta aos monarcas e à comunidade. Essa carta passou a estabelecer limites de atuação do poder do Estado com a concessão de importantes direitos (liberdade, propriedade, devido processo legal, entre outros). Tal documento inspirou a legislação britânica e é considerado a primeira constituição positivada em que são exaltados os direitos e as garantias fundamentais e humanos.

Em paralelo, no século XII, no seio da Inglaterra, um país avançado no contexto europeu da época, passou a ser necessário definir a dinâmica das relações entre Estado, representantes dos monarcas e proprietários de terras. Desse modo, desenvolveu-se um direito costumeiro estabelecido nas comunas inglesas e que formou a base embrionária para o *common law* como sistema jurídico não codificado dos países de origem anglo-saxã.

O final da Guerra dos Trinta Anos (1618-1649) – uma série de guerras entre diversas nações europeias, decorrentes dos mais variados motivos (religiosos, comerciais, de dinastia, territoriais, entre outros) — e a celebração do Acordo de Paz de Vestfália tornaram-se um importante momento histórico para o fortalecimento militar dos Estados nacionais na Europa Ocidental. Nesse momento, foram consagrados alguns importantes princípios, por exemplo, a soberania entre os Estados como máxima expressão do poder supremo e as relações de equilíbrio de poder e de liberdade religiosa entre Estados.

Nesse período, começaram a ser positivados alguns aspectos importantes em matéria de direitos fundamentais e humanos: a *Petition of Rigths*, de 1628, inspirada na Carta de 1215, exaltou a garantia das liberdades enquanto não houvesse sentença fundamentada ou leis no país; o *Habeas Corpus Act*, de 1679, que determinava relevantes garantias processuais para os casos de prisão ilegal; a *Bill of Rights*, importante documento a consagrar uma série de direitos, como a legalidade, o direito de petição, a liberdade de eleição etc.; o *Act of Settlement*, de 1701, insigne documento que limitava, novamente, os poderes do monarca. Todas essas cartas foram fundamentais para a evolução da humanidade (Comparato, 2010; Guerra, 2008).

No século XVII, Hugo Grotius contribuiu decisivamente para a criação de um direito internacional. Para o autor, as relações da cooperação baseavam-se em um direito natural, nos princípios gerais do direito e no caráter do "justo e do injusto" (Grotius, 2005), o que formou o *jus gentium* (ou "direito das gentes"), ou seja, constituindo a base de um direito costumeiro que passou a se consolidar e a ser reconhecido pelos tribunais, assim **declarando-se o direito**, o que prestigiou, mais tarde, os valores humanos de justiça e igualdade.

O Iluminismo e o jusracionalismo como movimentos filosóficos marcantes do século XVIII trouxeram um grande avanço da ciência e, por consequência, da civilização. Hobbes (1965) defendeu as ideias de um direito natural de liberdade dos estados, o que corrobora a visão de Locke (1994) acerca da necessidade de os homens de se reunirem em uma sociedade para que fosse contido o estado de guerra e a violência entre os homens. Os ideais desses teóricos foram de suma importância para a criação da **teoria do contrato social**, de Rousseau (2007), como resposta a uma necessidade de um contrato para que a sociedade pudesse viver de modo harmônico.

Para Rousseau (2007), o contrato social aprisiona os homens, sendo legítima a restrição das liberdades sob o aspecto da liberdade natural, com a finalidade de garantir a liberdade civil e proteger os homens e seus bens. O pensador afirma, ainda, que a força/coercitividade não cria o direito, motivo pelo qual é necessária a criação de regras, instituídas por meio do pacto social, e a consequente obediência a estas, quando o homem renuncia ao seu estado de natureza de liberdades para viver em sociedade

(Rousseau, 2007). Ademais, as ideias do teórico tornaram a soberania popular compatível com todas as formas de governo, e o contrato social é composto de frações de sua soberania, a qual pertenceria a cada indivíduo como membro da sociedade e detentor de fragmento do poder soberano (Bonavides, 2000).

As ideias de Rousseau ganharam enorme relevância na França oitocentista em virtude da transição de poder da Igreja para a burguesia. Houve a necessidade de manutenção do poder político – o que ocorreu por meio das revoluções de ordem filosófica, científica, política e cultural do século XVIII –, marcada pela ideia de uma soberania democrática, ou seja, que se origina do próprio povo, cuja titularidade do poder emana do povo/nação, com a ascensão do Estado liberal eurocêntrico.

O enfraquecimento do poder político do Estado-Igreja e o fortalecimento do poder econômico da burguesia propiciaram o acontecimento da Revolução Americana, em 1776, e da Revolução Francesa, em 1789, assinalando um novo período da história na Europa Ocidental, no qual se destacam a consagração de valores humanos, marcada pela Declaração dos Direitos do Homem, e o lema francês de "liberdade, igualdade e fraternidade" em uma concepção universalista (Bobbio, 2004). Deu-se a união do poder político ao poder econômico centrado na figura do Imperador Napoleão Bonaparte.

Observamos, portanto, que o **direito das gentes** se baseia na voluntariedade, e não na coercitividade, e talvez essa seja a principal característica que diferencia os modelos do jusnaturalismo e do juspositivismo. O primeiro fundamenta-se na ideia de uma lei eterna que se embasa na ordem natural do Divino (Aquino, 2015); o direito torna-se aceito naturalmente por estar relacionado às questões existenciais e relacionadas à condição humana, não sendo passível de discussão. Já o segundo tem como alicerce a coercibilidade do Estado em caso de descumprimento da lei (Rousseau, 2007).

Na sequência, temos a positivação de diversas cartas que incluem direitos considerados fundamentais para a humanidade, como a Constituição estadunidense, de 1787, e a exaltação das liberdades (Piovesan, 2016), bem como a Constituição francesa, de 1791, documentos escritos, inspirados no movimento filosófico da época, com bases no Estado liberal e em um Estado-Nação que ascendia em detrimento da queda/separação entre Estado e Igreja (Bonavides, 2000). Um novo período da história marcado pelo poder econômico da Revolução Industrial em franca ascensão passa a dar o ritmo da industrialização dos países para o século XIX.

A exaltação dos Estados liberais, do nacionalismo e das liberdades amplas e o fortalecimento do armamento das grandes potências trouxeram a busca por novos territórios, e as grandes guerras mundiais foram um momento em que as maiores potências disputaram novas regiões. A guerra foi desencadeada pela Alemanha, mas outros países, como a França e os Estados Unidos, também tinham grandes interesses financeiros no conflito, o que analisaremos mais adiante.

Entre a Primeira e Segunda Guerras Mundiais, é possível observar um modelo de Estado Liberal em declínio. De fato, os ideais da Revolução Francesa não foram traduzidos em efetivos direitos para a população da época e a burguesia governou para si, modelo este que se instalou por todo o Ocidente. Nesse momento, surgiu um nono modelo de Estado, preocupado com as demandas sociais reivindicadas pelas grandes massas, primeiramente na América Latina, com a Constituição mexicana de 1917, depois com a Declaração Russa do Povo Trabalhador e Explorado, em 1918, e com Constituição de Weimar, de 1919, na Alemanha (Piovesan, 2016), nas quais foi enunciada uma série de **direitos fundamentais de índole assistencial.**

Dos documentos mencionados, cabe destacar a Constituição de Weimar, em que houve um grande experimento acerca de tais direitos sociais na Europa: direitos do trabalhador, direitos da seguridade, direito à igualdade, direito à família, direito à educação pública, direito à dignidade humana, entre outros, o que denota o caráter assistencial (Sarlet, 2013). De igual modo, a Constituição mexicana, vigente até os dias atuais, contemplou importantes direitos para a América Latina, como reforma agrária, leis trabalhistas, direito de associação sindical, direito de greve, direito ao salário-mínimo etc.

A Liga das Nações (1919), a Organização Internacional de Trabalho – OIT (1919) e a criação de um direito humanitário (Piovesan, 2016) foram os grandes legados da Primeira Guerra. As duas guerras foram contempladas no Tratado de Versalhes, também de 1919. Entretanto, embora tenha exercido um relevante papel na proteção ao deslocamento de milhares de pessoas durante a Primeira Guerra Mundial, bem como na criação do direito internacional dos refugiados (Piovesan, 2016), a Liga das Nações não cumpriu os objetivos a que se propunha no que se refere à paz e à cooperação entre os povos, razão pela qual foi extinta, em 1946, com a criação da Organização das Nações Unidas (ONU).

Fruto de um movimento do reformista social inglês na época, Robert Owen, a OIT veio a ser criada com o objetivo de tratar da proteção social nas relações de trabalho e entre empregados e empregadores, em um momento em que a industrialização passava a imprimir o grande crescimento dos países no contexto europeu. Com a Segunda Grande Guerra, a Declaração da Filadélfia, em 1944, passou a contemplar a OIT como uma agência especializada da ONU para tratar da justiça na área do trabalho e da previdência social, por meio de atos de cooperação internacional, bem como da qualidade de vida do trabalhador, estando vigente até os dias atuais (Sussekind, 2002). Portanto, a OIT contribui sobremaneira para o processo de internacionalização dos direitos humanos, com a promoção de padrões internacionais de proteção ao trabalhador. Após 60 anos de sua criação, já tinha mais de uma centena de convenções celebradas em âmbito internacional (Piovesan, 2016). O Brasil é membro signatário da OIT desde o seu advento (Lafer, 2015).

Logo, o **direito humanitário** vem sendo concebido paulatinamente em decorrência das guerras travadas na Europa. Um importante marco é a obra de Henri Dunant sobre a Batalha de Solferino, chamada de *Lembrança de Solferino*, de 1862, que motivou a criação do Comitê Internacional de Socorro aos Feridos, o qual antecedeu o Comitê da Cruz Vermelha, de 1864, criado pela Primeira Convenção de Genebra. Essa convenção foi aprimorada pelas convenções posteriores formuladas e assinadas pela comunidade internacional durante esse período, notadamente em 1906, em 1929 e após as grandes guerras, em 1949, e seus tratados passaram a ser denominados *direito de Genebra*, junto dos protocolos adicionais às convenções de 1977 e 2005 (Guerra, 2008).

Além do direito humanitário, há a celebração do **direito de Haia** (1889-1907) e do **direito de Nova Iorque** (1968). O primeiro está relacionado aos métodos e aos meios utilizados em combates armados; o segundo, ao conjunto de normas concebidas a partir da criação da ONU para assegurar os princípios de defesa do direito internacional humanitário, sendo de grande importância para a harmonia desse instituto (Guerra; Proner, 2008). O direito de Nova Iorque ainda pode ser interpretado como um direito misto, eis que contempla aspectos dos direitos de Haia e de Genebra.

O Estado de bem-estar social passou a ganhar luzes com a crise econômica de 1929, quando os países do Ocidente começaram a sofrer os efeitos do capitalismo em ascensão e da oscilação das economias após a Primeira Grande Guerra (1914-1918). Consiste no estabelecimento de políticas assistencialistas ao redor da Europa e dos Estados Unidos pela doutrina de Keynes (1978), que indicava uma forte atuação do Estado na promoção de direitos como educação, saúde, moradia, políticas de emprego, seguridade, entre outros, bem como nos setores da economia, o que se estendeu nas décadas seguintes.

No entanto, isso não vigorou por muito tempo. Com a Segunda Grande Guerra (1939-1945), o planeta atravessou o maior retrocesso em violação aos direitos da humanidade, promovendo a morte de aproximadamente 60 milhões de pessoas no mundo. O discurso de "ódio universal", a xenofobia e a discriminação marcaram o cenário desse período, tornando necessária a reconstrução dos países na Europa continental em meados do século XX (Arendt, 2012).

Como legado da Segunda Grande Guerra, há o Acordo de Londres, de 1945, com a criação do Tribunal Militar Internacional, em Nuremberg, para processar e julgar os líderes nazistas pelos crimes ocorridos durante a guerra (Piovesan, 2016). A prática de genocídio em massa em Auschwitz foi o maior e o pior legado deixado para a humanidade; foram crimes organizados, premeditados e sem justificativa plausível (Lafer, 2015).

O Tribunal de Nuremberg ainda é alvo de muitas discussões jurídicas, principalmente em razão da criação de um tribunal de exceção, ou *ad hoc*, pois foi constituído após a ocorrência de tais crimes, o que, em tese, quebraria a imparcialidade desse órgão. Outro ponto foi a violação aos princípios da legalidade e da retroatividade em matéria penal, já que o exército alemão tinha amparo na legislação nacional da época. Uma discussão mais retórica foi se o tribunal defensor dos direitos humanos poderia estipular penas de enforcamento e de prisão perpétua aos 19 condenados (Piovesan, 2016).

O Estado liberal e das liberdades amplas deu lugar ao Estado de bem-estar social, surgindo uma nova modalidade de atuação de Estado, assistencial, com forte atuação em prol da comunidade e com investimento em direitos sociais (Keynes, 1978). Seria uma continuidade da política keynesiana, que se estendeu até meados da década de 1970, quando houve uma nova crise econômica mundial.

A Carta da ONU, de 1945, e a Declaração Universal dos Direitos Humanos (DUDH), de 1948, também trouxeram avanços. A primeira estabeleceu a criação de um sistema de proteção de direitos humanos internacional, o que jamais havia sido concebido com tamanha magnitude. Já a segunda traduziu-se, efetivamente, no que seriam tais direitos, algo paradigmático para uma teoria de direitos humanos no mundo e que se definiu como reação à atuação abusiva do Estado, no sentido de limitar e controlar o poder estatal e sua arbitrariedade, pautando-se na legalidade e no respeito aos direitos fundamentais. Em ambas as oportunidades, o Brasil esteve presente nas fases de negociação e de celebração dos documentos (Piovesan, 2016).

Nesse momento, também nasceu um consenso pela construção, no mundo, de uma estrutura legislativa capaz de proteger todos os povos, com a intenção precípua de evitar novos conflitos. Por isso, era necessário desenhar-se, por meio de uma forte atuação diplomática, um novo paradigma internacional, a começar pela redefinição do conceito de soberania, agora não mais como um princípio absoluto, mas como um domínio reservado aos Estados, os quais passaram a serem responsabilizados por todos seus atos (Trindade, 2003). Nesse sentido, seria preciso estabelecer a paz e a cooperação entre os povos, o respeito aos direitos humanos e às liberdades fundamentais, sem distinção, em qualquer território do planeta (vide arts. 1º, 3º, 13.1, 55, 56, 62, 68 e 76, DUDH) (Fachin, 2009).

Mas o que seriam esses direitos humanos? Essa é uma questão complexa, pois os povos têm suas tradições e suas culturas, o que torna o tema bastante sensível. A concepção de direitos humanos para os países do Oriente é bastante diversa, então, como comungar de um mesmo instrumento jurídico? Há críticas na doutrina sobre a Carta da ONU, pois o documento não soube precisar o que seriam efetivamente os direitos humanos e as liberdades fundamentais (Mazzuoli, 2015), algo necessário para uma grande aclamação das nações em âmbito internacional.

Para esse questionamento, interessante é a ponderação feita por Flores (2009, p. 165), ao sustentar um "universalismo de chegada ou confluência", já que o relativismo é o ponto de partida, e o universalismo, o ponto de chegada, ou seja, há de se proteger os direitos humanos no âmbito dos Estados-membros de uma comunidade internacional em virtude de suas peculiaridades sociais, culturais, religiosas, de modo a se direcionarem à proteção de um direito humano na esfera universal (Flores, 2009).

De fato, sob o aspecto pragmático, essa é uma das grandes controvérsias que ocorre no direito internacional: o estabelecimento de uma **unidade conceitual** acerca dos direitos humanos, especialmente da dignidade humana (Trindade, 2003). Em 1948, na presidência de Eleanor Roosevelt, com René Cassin (vencedor do Nobel da Paz em 1968) como um dos responsáveis pela elaboração do texto que pudesse atender a todos os povos em caráter não apenas internacional, mas universal (Lafer, 2015), foi redigida a carta da **Declaração Universal dos Direitos Humanos (DUDH)**. Em razão de peculiaridades regionais, o documento foi alvo de controvérsia para a época; foi assinado por 48 países, 2 países não votaram e 8 se abstiveram da assinatura (Piovesan, 2016), em sua maioria, alegando questões religiosas, culturais, ideológicas e relativas à soberania.

Sobre essa carta, a doutrina é divergente. Alguns doutrinadores negam uma concepção meramente formal e reconhecem a força jurídica vinculante e a obrigatoriedade de seu cumprimento (Comparato, 2010). Outros defendem que a DUDH foi adotada sob a forma de resolução, no entanto, tem força jurídica obrigatória vinculante para todos os Estados graças à incidência do direito costumeiro e dos princípios gerais do direito, exigindo-se, de qualquer modo, seu cumprimento (Piovesan, 2016). A respeito dessa divergência, entendemos que os direitos humanos são de natureza jurídica de *soft law*, como uma norma que não é dotada de coercibilidade tal como a *hard law* (Pinheiro; Winter, 2020).

Como consequência da Carta da 1948, a comunidade internacional passou a conceber o indivíduo como sujeito de direito, e a pessoa começou a ser reconhecida não apenas como cidadã de seu país, mas também do mundo, tendo em vista a proteção que lhe é assegurada (Piovesan, 2016).

Composta de 30 artigos, a DUDH contempla os direitos fundamentais de ordem civil e política, tradicionalmente denominados *direitos individuais* (arts. 3º ao 21), e os direitos de ordem econômica, social e cultural (arts. 22 ao 28). Além disso, consagrou características da universalidade, da indivisibilidade e da interdependência dos direitos humanos (Lafer, 2015), exaltando, em seu art. 30, que nenhum desses dispositivos seja utilizado para violar ou atentar contra direitos ou liberdades fundamentais nela estabelecidos. Da mesma maneira, nenhum princípio deve ser interpretado de modo a coibir ou restringir direitos e liberdades do indivíduo, de grupos ou de uma coletividade (Mazzuoli, 2015).

Com a reconstrução dos países devastados pela guerra, o discurso da teoria dos direitos humanos tornou-se estratégico para a hegemonia dos Estados Unidos rumo ao imperialismo no século XXI. As grandes guerras propiciaram a esse país um dos maiores *superavit* da história da economia internacional. Com uma posição geográfica favorável e por ser fornecedor do arsenal bélico aos países aliados durante as guerras, os Estados Unidos viveram por algumas décadas seguintes o período denominado *época de ouro* (Hobsbawm, 2007), com um crescimento pujante da economia.

Estabelecida a paz mundial e com a reconstrução dos países, fizeram-se necessários investimentos em novos segmentos de produção, motivo pelo qual o discurso da globalização ganhou a atenção dos países avançados do norte do planeta, que passaram a exercer o domínio geopolítico e econômico sobre os países do sul.

A política macroeconômica estadunidense teve grande êxito com o estabelecimento das multinacionais de várias regiões do planeta. Por esse motivo, afirma-se que o discurso dos direitos humanos foi uma teoria economicamente favorável no período após as guerras mundiais, imprimindo um novo ritmo de produção e consumo de bens e serviços, conduzindo a um novo processo de dominação não apenas econômica, mas também ideológica e cultural (Rodrigues, 2005).

Na Europa, a exemplo do bloco econômico de Benelux (1944), houve a formação da Comunidade Europeia, em 1947, com o objetivo de fortalecer as economias dos países e promover atos de cooperação em prol de uma maior e mais sólida integração econômica e moeda única. Já os Estados Unidos começaram a fortalecer suas economias e a impor um mercado de domínio sobre os países da América Latina. Desse modo, essa região foi marcada por um período de grande retrocesso econômico diante da falta de investimentos do capital estrangeiro nas décadas seguintes (Fishlow; Cardoso, 1990).

Como ato contínuo à criação do sistema internacional universal/"onusiano" de proteção aos direitos humanos, foi instituído um sistema internacional regional de proteção aos direitos humanos, inaugurando, assim: (a) o sistema europeu, com a Carta Europeia, de 1950; (b) o sistema americano de proteção, com o advento da Organização dos Estados Americanos (OEA) em 1948, a Declaração Americana dos Direitos do Homem, de 1948, e a Convenção Americana de Direitos Humanos (CADH), de 1969; e, por fim, (c) o sistema africano de proteção aos direitos humanos, com a Carta de Banjul, de 1981.

Modernamente, verificam-se novos sistemas de proteção aos direitos humanos em fase de formação, tal como o sistema asiático e o sistema árabe. Nesse contexto, o Brasil é membro da OEA desde a sua elaboração, mas aderiu à Convenção Americana de Direitos Humanos, também denominada *Pacto de São José da Costa Rica*, bem como ao Protocolo de San Salvador, anexo à referida convenção, ambos apenas em 1992, após o fim da ditadura militar em nosso país.

Observando-se a necessidade de implementação dos direitos enunciados na Declaração Internacional de 1948, foram elaborados o Pacto Internacional de Direitos Civis e Políticos e o Pacto Internacional de Direitos Econômicos, Sociais e Culturais, ambos de 1966, os quais, reunidos, constituem a Carta Internacional dos Direitos Humanos. Ambos os pactos são de enorme relevância e retratam mais detalhadamente o arcabouço protetivo contido na Declaração de 1948, embora muitos países ainda não tenham incorporado tais documentos ao ordenamento jurídico interno, especialmente o último pacto. O Brasil realizou a adesão a esses dois pactos internacionais apenas em 1992, após a redemocratização promovida pela Constituição Federal (CF) de 1988.

Nesse mesmo momento histórico, houve um reforço no arcabouço protetivo em matéria de direitos humanos. Além das conferências em que se estabeleciam compromissos com a proteção ao meio ambiente (tal como a Conferência de Estocolmo, na Suécia, em 1972), na União Europeia (UE) houve a celebração de uma série de tratados internacionais em matéria de direitos humanos, no âmbito das Nações Unidas, que versam sobre temas muito atuais e cuja violação de direitos ainda é recorrente, como discriminação racial, em 1979; discriminação contra a mulher, em 1981; tortura e tratamentos degradantes, em 1984; direitos da criança, em 1989; trabalhadores migrantes, em 1990, entre outros (Nunes Júnior, 2017).

Também vale lembrar que as conferências mundiais celebradas em Teerã, em 1968, e em Viena, em 1993, tiveram por finalidade enaltecer o texto da DUDH de 1948, tendo sido ressaltados os valores da universalidade, da indivisibilidade e da interdependência, considerados indispensáveis para uma sociedade igualitária (Ramos, 2015).

Desse modo, no mundo, a proteção aos direitos humanos começou a se viabilizar por três vertentes: a primeira é o direito internacional dos direitos humanos, a mais abrangente; a segunda, o direito internacional humanitário, aplicável em conflitos armados nacionais ou internacionais, aprimorado com as convenções de Genebra; a terceira, o direito internacional dos refugiados; todos eles institutos independentes, com a aprovação de convenções específicas sobre o tema (Trindade, 2003), as quais passaram por significativa transformação após as guerras mundiais.

No final do século XX, viveu-se o período da Guerra Fria, com a disputa pela hegemonia de um sistema político-econômico:

de um lado, os Estados Unidos e os ideais liberais, com a matriz de acumulação do capital visando ao lucro; de outro, a ex-União Soviética e os ideais socialistas, com foco na socialização dos meios de produção e na extinção de uma sociedade dividida por classes, o que resultou na desintegração de suas repúblicas e na abertura ao capitalismo ocidental. Nesse contexto, um momento paradigmático foi a queda do Muro de Berlim, ocorrida em 1989, com a reunificação da Alemanha Ocidental e Alemanha Oriental (Lafer, 1999).

Na virada do milênio, o capitalismo avançou em busca de uma consolidação no mundo, em concomitância com uma revolução tecnológica, o que se revelou o grande desafio para o século XXI. Nesse contexto, segundo alguns teóricos, o processo de globalização não necessariamente precisa trazer malefícios à sociedade, no entanto, esta vem sendo uma realidade dos países em desenvolvimento, especialmente os países da América Latina, nos quais existem relações de dominação bastante ostensivas e degradantes (Stiglitz, 2007) e que vêm desencadeando enorme retrocesso quanto aos direitos humanos na região.

Para alguns autores, a revolução tecnológica da modernidade revela-se um grande perigo aos direitos humanos positivados na comunidade internacional, porque, na dita *revolução 4.0*, o modo *on-line* poderá promover significativa exclusão das regiões mais pobres do planeta e que vivem à margem dos avanços tecnológicos, afetando profundamente a condição de dignidade humana (Floridi, 2009).

Para outros, a globalização e o processo de reinvenção tecnológica possibilitaram uma planificação e maior competitividade entre os países (Friedman, 2005). Há também quem afirme que a atual crise da figura do ente estatal chega em um momento favorável e concomitante ao da revolução tecnológica, por isso é exigida do Estado uma nova postura, com maior potencial de gestão e governança pública (Micklethwait; Wooldridge, 2015), sobretudo quanto à proteção e à promoção dos direitos humanos, o que se revela mais um grande desafio para o século XXI.

No atual cenário de fragilidades institucionais, especialmente nos países com Índice de Desenvolvimento Humano (IDH) baixo, alia-se o fenômeno da pandemia de covid-19, situação em que se constata que a era digital passa a ser fundamental ao funcionamento da economia e da sociedade em âmbito mundial. Isso acaba impactando países em desenvolvimento, já que a adoção de soluções tecnológicas está condicionada a fatores estruturais de Estados debilitados em diversos setores estratégicos (Cepal, 2020d).

Portanto, é chegado o momento em que os países desenvolvidos já reconhecem que o modo de globalização imposto aos países em desenvolvimento vem provocando profundas desigualdades (Stiglitz, 2007). É certo que a grande preocupação e atenção não está mais em justificar a existência de uma teoria jurídica de direitos humanos, mas no seu *modus operandi*, ou seja, na proteção e na concretização dos direitos humanos. O problema não está em sua essência, em seu fundamento, mas sobretudo nas questões de ordens política, econômica, social e histórica que circundam e afetam na efetividade de tais direitos (Bobbio, 2004).

— 1.2 —
Gerações e dimensões dos direitos humanos e fundamentais

A doutrina costuma classificar os direitos humanos em **gerações**, o que não parece tecnicamente a forma mais adequada, pois tanto os direitos humanos de primeira geração quanto os de quinta geração têm extrema importância e necessitam de proteção do Estado por meio de prestação negativa ou positiva, ou seja, a abstenção estatal ou a atuação proativa em todos os direitos geracionais ainda nos dias de hoje. Por esse motivo, os direitos humanos também podem ser classificados em **dimensões**, o que é mais adequado, visto que não envolve o contexto temporal.

Há também muitas críticas sobre essas divisões ou classificações, entendendo-se que essa fragmentação leva a uma impressão falsa de substituição gradativa, o que não condiz com a realidade (Weis, 2010). É notório que os direitos de primeira geração/dimensão, os direitos civis e políticos e os direitos inerentes às liberdades vêm constantemente sofrendo ataques, bem como os direitos sociais de segunda dimensão e, ainda, os de terceira, em fase de consolidação, o que demonstra seu grau de vulnerabilidade. Além disso, são direitos que se comunicam como uma espécie de corolário, como um *corpo juris* em matéria de direitos humanos (Trindade, 1998).

De acordo com os ditames das revoluções burguesas do século XVIII, especialmente a Revolução Francesa, a doutrina convencionou uma concepção triangular de liberdade, igualdade e fraternidade (Vasak, 1982) para classificar os direitos humanos em primeira, segunda e terceira geração/dimensão respectivamente, tendo como paradigma esse momento histórico na criação do constitucionalismo moderno. Isso não quer dizer que tais direitos já não tenham sido revisitados com outros termos e outras denominações, a exemplo de seu anúncio na Idade Antiga e na Idade Média, como já analisamos aqui.

Para a doutrina mais avalizada, sob a análise de um critério hermenêutico dialético-valorativo, não existe diferença entre *direitos fundamentais* e *direitos humanos*. Tais denominações derivam tão somente de uma questão de ordem técnica e que envolve o diálogo de fontes, a dinâmica entre o direito interno e o internacional, pois os direitos fundamentais são os direitos humanos positivados na ordem jurídica interna, no âmbito das novas cartas escritas por ocasião da nova ordem constitucional estabelecida no Ocidente após as grandes guerras. Logo, são expressões semelhantes, mas que guardam dimensões diversas (Dimoulis; Pagliarini, 2012). No entanto, ressaltamos que nem todo direito humano é um direito fundamental; para isso, devemos analisar se o direito em questão foi positivado na ordem jurídica interna do país.

É importante salientar, também, que tanto os direitos humanos quanto direitos fundamentais, quando positivados nas constituições, têm aplicabilidade imediata por força do ordenamento jurídico interno, o que não se traduz em normas "enfraquecidas, imperfeitas ou programáticas que só adquirem operacionalidade jurídica através de leis de regulamentação" (Canotilho; Moreira, 2007, p. 382). São aplicáveis mesmo sem a conformação do Legislativo, o que não dispensa a observância de pressupostos de aplicabilidade direta, por isso torna-se indispensável a criação de uma lei concretizadora (Canotilho; Moreira, 2007).

No mesmo sentido, o texto constitucional por si só é exequível; um eventual texto legislativo não terá efeito no sentido de restringir tais direitos. No entanto, se a norma constitucional não for exequível, isso somente será possível com a atuação do legislador decorrente; se isso não ocorre, configura-se uma inconstitucionalidade por omissão (Miranda, 2000).

Os **direitos de primeira geração/dimensão** são aqueles inerentes às liberdades amplas e que exigem uma abstenção, ou uma prestação negativa do Estado, não sendo possível intervenção no sentido de restringir tais direitos. São exemplos os direitos inerentes às liberdades conquistadas no período oitocentista, com a tradução positivista de direitos conquistados pela humanidade, relacionadas aos direitos civis e políticos do cidadão, como o direito à vida; as liberdades em sentido amplo (reunião, associação, crença, manifestação etc.); o direito de propriedade; o direito de votar e ser votado; o direito ao nome e à nacionalidade (Mazzuoli, 2015), entre outros. Esses direitos são oponíveis ante a autoridade estatal, têm titularidade específica e uma aplicabilidade imediata no direito brasileiro e se encontram exemplificados em diversos incisos do art. 5º da Constituição de 1988, tal como ocorre com os direitos fundamentais e humanos.

No plano internacional/regional de proteção aos direitos humanos, além da declaração internacional de 1948 (da qual o Brasil é signatário), exalta-se uma série de liberdades, os direitos civis e os políticos. Há também o Pacto Internacional sobre Direitos Civis e Políticos, de 1966, e a Convenção Americana de Direitos Humanos (Pacto de São José da Costa Rica), de 1969, ambos ratificados pelo Brasil em 1992. Neles, destacam-se direitos como: direito à vida e à integridade pessoal; proibição da escravidão ou servidão; direito à liberdade pessoal; garantias judiciais; direito à honra e à dignidade; direito à liberdade de consciência e religião; direito à liberdade de pensamento e expressão, entre outros.

O Pacto Internacional de Direitos Civis e Políticos prevê o envio de relatórios, pelos Estados-partes, sobre medidas legislativas, administrativas e judiciárias adotadas em prol da implementação de tais direitos (art. 40) e, ainda, um sistema de comunicações interestatais para os casos de violações, aos Estados que reconheçam a competência do instituído Comitê de Direitos Humanos (Piovesan, 2016). O pacto é um documento com autoaplicabilidade, ou aplicabilidade imediata relativa aos direitos de primeira geração, com uma série de obrigações, ora negativas, ora positivas.

Também indica o protocolo facultativo ao pacto de 1966, ratificado pelo Brasil em 2009, a possibilidade do sistema de petição ou comunicação individual pelo indivíduo-vítima das violações nele contidos, ou mesmo por organizações ou terceiras pessoas que o representem, em face do Estado violador que houver ratificado o instrumento, uma vez presentes os pressupostos exigidos (art. 5º) (Piovesan, 2016). Essa situação se assemelha a uma função investigativa quase judicial (Mazzuoli, 2015). O protocolo facultativo também previu, em 1989, a abolição da pena de morte, tópico ratificado pelo Brasil em 2009 com reservas (Decreto n. 2.754, de 27 de agosto de 1998; Brasil, 1998).

Nos países avançados e nos países em desenvolvimento (baixo e médio), o que se observa é que os direitos humanos de primeira dimensão ainda são violados de modo recorrente mesmo em nações regidas por democracias constitucionais: a discriminação racial, a liberdade de religião, de manifestação, de ir e vir, o direito à privacidade e à intimidade etc. são alvo de violações tanto em países tidos como potências hegemônicas quanto em territórios considerados com menor grau de desenvolvimento.

Quanto menor o grau de desenvolvimento de um país, maior é a possibilidade de violação aos direitos humanos, no entanto, como já foi mencionado, isso também vem ocorrendo em países constitucionalizados e com alto grau de desenvolvimento, de governos autoritários (Tushnet, 2015) ou abusivos (Landau, 2013); em países com um *deficit* democrático, nos quais as liberdades são restritas por meio de reformas à Constituição, também denominadas *emendas constitucionais inconstitucionais* (Lima, 2019), como acontece no Brasil ou mesmo em governos dotados de um poder máximo de soberania capazes de violar os direitos de seus cidadãos nacionais, a exemplo do que vem ocorrendo na China e nos Estados Unidos.

Os **direitos de segunda geração/dimensão** correspondem àqueles inerentes às igualdades em sentido amplo. Diferentemente dos direitos de primeira dimensão, exigem uma atuação positiva, ou seja, uma obrigação de fazer do Estado para com a sociedade. Podem ser denominados *normas programáticas e constituições dirigentes* (Canotilho, 2001). São exemplos desses direitos: direito à saúde, à educação, à previdência, à assistência, à moradia, ao lazer, ao desporto, à cultura, entre outros, os quais são decorrentes das grandes guerras mundiais, corroborando uma nova forma de atuação assistencial do ente estatal, e denominados *direitos de igualdade lato sensu*, ou *direitos das coletividades*, ou também *direitos sociais, econômicos e culturais* (Mazzuoli, 2015). Tais direitos são exemplificados nos arts. 6º e 196 da CF de 1988 (Brasil, 1988) e são oponíveis perante o Estado, com titularidade específica diante da autoridade estatal como direitos fundamentais.

No plano internacional/regional de proteção aos direitos humanos, além da Declaração Internacional de 1948, em que se exalta uma série de direitos sociais, econômicos e culturais, há o Pacto Internacional de Direitos Econômicos Sociais e Culturais, de 1966, ratificado pelo Brasil em 1992, uma norma de aplicabilidade mediata ou progressiva que exige obrigações positivas de investimentos financeiros a serem realizados pelo ente estatal em direitos de segunda geração (Mazzuoli, 2015). Além desse, há o Protocolo Adicional à Convenção Americana, também denominado *Pacto de San Salvador*, de 1988, ratificado pelo Brasil em 1999, em que se contemplam direitos como a não discriminação e a não admissão de restrições de direitos humanos ao trabalho, sindicais, à previdência social, à saúde, à alimentação, à educação, à cultura, à proteção da família, à proteção do idoso, entre outros.

O protocolo facultativo ao Pacto Internacional de Direitos Econômicos, Sociais e Culturais de 2008, que entrou em vigor em 2013, prevê que o Comitê de Direitos Econômicos, Sociais e Culturais pode realizar: apreciação de petições de indivíduos ou grupo de indivíduos-vítimas; requisição para que o Estado adote medidas urgentes; análise de comunicações interestaduais de um Estado para outro; e investigação em Estados cujos locais estão sendo alvo de graves violações (Piovesan, 2016). Em 2022, ano de edição deste livro, o Brasil ainda não havia ratificado referido protocolo.

Esses pactos, unidos à DUDH, formam a Carta Internacional dos Direitos Humanos (*International Bill of Rights*), tornando-se o que a doutrina denomina *pedra fundamental*, ou "mosaico protetivo mínimo dos direitos humanos contemporâneos" (Mazzuoli, 2015, p. 79), ou, ainda, "eixo da proteção no plano internacional" (Ramos, 2015, p. 148), o que trouxe embasamento para a celebração de diversos tratados multilaterais (Fachin, 2009).

A controvérsia acerca dos direitos prestacionais vem sendo uma pauta de grande parte dos países no século XXI, principalmente com o fim do Estado do bem-estar social e o liberalismo em ascensão na virada do milênio. A divergência posta reside em saber se há o dever do Estado Constitucional em prover tais direitos assistenciais, inclusive saúde, educação e previdência, tanto em países avançados quanto em países em desenvolvimento, o que foi alvo de discussão em países da Europa, nos Estados Unidos e, recentemente, no Brasil, com a aprovação das reformas trabalhista e previdenciária.

As constituições latino-americanas, de certo modo, garantem direitos sociais. No Brasil, os direitos prestacionais têm aplicabilidade imediata, como essência dos direitos fundamentais considerados tão relevantes para as nações ainda em desenvolvimento. Tais direitos são concretizados conforme o legislador eleito pelo povo, embora, para alguns, seja suficiente a previsão constitucional para que se consagre e se promova sua efetividade, o que se revela uma grande divergência no plano do direito interno. Há quem defenda que, em observância à previsão constitucional, o Judiciário deve posicionar-se com relação a tais direitos, garantindo-lhes efetividade (Barroso, 2008).

Para alguns, é certo que os direitos sociais são contemplados nas constituições do século XX decorrentes do pós-guerras mundiais, mas são direitos que podem ser ilustrados como "salas de máquinas" (Gargarella; Pádua; Guedes, 2016, p. 33) no contexto das constituições latino-americanas (Magalhães, 2012), uma vez que não são dotados de operacionalidade. Isso acarreta a não efetividade de tais direitos, a ser ilustrada por diversas razões geopolíticas, sociais, econômicas, uma realidade também presente em território brasileiro, razão pela qual ocorre o fenômeno da **judicialização**.

Já outros sustentam que, em se tratando de direitos sociais, deve o Judiciário agir com certa cautela e moderação, a fim de que não haja uma atuação excessiva em substituição aos outros poderes (Clève; Lorenzetto, 2016).

De todo modo, ambas as posições jurídicas guardam sua importância, a depender do caso concreto e da dotação orçamentária do ente público em todos os níveis. Sobre o tema, é importante frisar a eventual incidência do princípio da reserva do possível em razão da impossibilidade fática, por vezes, de o Executivo cumprir decisões impostas pelo Judiciário – sobretudo em matéria de saúde – e a **cláusula pétrea** da separação de poderes, o que torna a divergência ainda mais sensível, sobretudo quando há inércia/inoperância da Administração Pública.

Os **direitos de terceira geração/dimensão** são aqueles relacionados à solidariedade e à fraternidade. O progresso tecnológico-científico que ocorreu após as grandes guerras mundiais, por volta de 1970, e as alterações geopolíticas decorrentes desses episódios propiciaram o surgimento de direitos relacionados ao desenvolvimento (Sen, 1999), à preservação do planeta, ao meio ambiente, ao patrimônio histórico-cultural, à autodeterminação dos povos, entre outros.

Esses direitos de terceira dimensão relativos ao meio ambiente e à autodeterminação dos povos são contemplados nas constituições latino-americanas, em decorrência das peculiaridades da região, dotada de uma rica diversidade. São constituições que representam um biocentrismo, ou seja, a questão central está na preservação do meio ambiente, da multiculturalidade dos povos, o que se diferencia essencialmente do modelo do constitucionalismo *standard* continental europeu do século XX.

A primeira dimensão de direitos humanos está relacionada ao indivíduo e tem um destinatário especificado, ao passo que a terceira dimensão refere-se aos direitos de titularidade difusa (Sarlet, 2010). Esses direitos são transindividuais (art. 4º, III e IX, e art. 225, CF/1988), ou seja, para além do indivíduo, não havendo titularidade específica. Se acontecer a violação do direito de preservação do planeta, como as queimadas na Amazônia ou qualquer outro tipo de acidente ambiental, todas as pessoas serão consideradas vítimas relativas dos danos ambientais ocorridos.

As constituições do Brasil, com a exaltação do meio ambiente, em 1988 (art. 225); da Bolívia, em 2009 (art. 291), nas quais são reconhecidos os territórios e a autonomia dos indígenas; do Equador, em 2008 (Capítulo 7º, art. 71 e seguintes), em que se reconhecem os direitos da natureza, ou "Pacha Mana", tutelando-se o ecossistema; e da Argentina, em 1994 (art. 75, n. 17), são exemplos dos direitos humanos geracionais e que estão em harmonia com a multiculturalidade dos Estados plurinacionais (Wolkmer, 2013).

No plano supranacional/internacional, a Carta de Bogotá – celebrada em 1948 no âmbito da OEA, ratificada por 22 países da região (da qual o Brasil faz parte desde o seu advento) – é enfática ao determinar a promoção, no art. 2º, item "f", aos Estados-membros, "por meio da ação cooperativa, [de] seu desenvolvimento econômico, social e cultural"; e ao reafirmar, no art. 3º, item "m", que "A unidade espiritual do Continente baseia-se no respeito à personalidade cultural dos países americanos" (OEA, 1948).

De igual importância são as Resoluções n. 1.819, 1.896, 1.926 e 2.793, da OEA, em que se criam padrões de conduta para proteger os direitos humanos e o meio ambiente, além de promover a cooperação entre Estados e sociedade civil, com um diálogo voltado à execução de atividades em matéria de meio ambiente e direitos humanos.

Do mesmo modo, o art. 11 do Pacto de San Salvador, de 1998 – importante compromisso regional americano de proteção aos direitos humanos – previu, no art. 11, "o meio ambiente sadio" e que "os Estados Partes promoverão a proteção, preservação e melhoramento do meio ambiente" (OEA, 1988), o que reflete a preocupação da comunidade internacional no âmbito do sistema interamericano com essa temática já há algumas décadas.

Também temos a Carta Democrática Interamericana das Américas, de 2001, que determina, em seu art. 15, que os países do hemisfério norte desenvolvam "políticas e estratégias de proteção do meio ambiente, respeitando os diversos tratados e convenções, para alcançar um desenvolvimento sustentável em benefício das futuras gerações" (OEA, 2006), o que demonstra que os direitos humanos de terceira dimensão estão em franca ascensão e consolidação nos contextos nacional, regional e internacional e, ainda, que tais direitos estão sendo positivados nas constituições dos países, tendo em vista sua relevância e o necessário desenvolvimento sustentável das nações como o maior desafio do milênio. Em decorrência da velocidade das relações jurídicas marcadas por uma sociedade tecnológica, foram criados direitos que fogem à regra jurídica tradicional, denominados *hard law*. Existem outras espécies normativas não dotadas de coercibilidade em caso de inadimplemento, as quais são denominadas *soft law*, como recomendações e resoluções referentes aos direitos de terceira dimensão, a exemplo do Pacto Global da ONU e da Agenda 2030, quando diversas instituições públicas e privadas aderiram a tais compromissos internacionais em razão da necessidade de a sociedade internacional adotar condutas que possibilitem a promoção de um planeta equilibrado para as próximas gerações (Pinheiro; Winter, 2020).

Alguns doutrinadores discorrem sobre os direitos de quarta, quinta e sexta dimensão/geração como direitos geracionais, dada sua importância para a humanidade. Entretanto, ainda não há um entendimento assentado acerca desses direitos, que estão em ampla construção e consolidação, o que faz com que estejam em grande inter-relação com os demais direitos geracionais mencionados. Vejamos.

Os **direitos de quarta dimensão/geração** são aqueles relacionados à revolução da modernidade, como o direito à democracia, ao pluralismo e à informação (Bonavides, 2011), consequências do processo de globalização do século XXI. Por essa razão, estão conectados com os direitos de terceira dimensão

(Sampaio, 2010), ou seja, ao direito à solidariedade, pois, já que estão para além do indivíduo, são direitos de uma coletividade. A pluralidade é uma das características de muitas constituições da América Latina, o que decorre da multiculturalidade e da diversidade dos povos da região, formados por diversas miscigenações, raças, etnias etc. Esse aspecto está presente em diversos textos, como as constituições do Equador, do Chile, da Bolívia e da Argentina. Logo, o pluralismo é o reconhecimento estatal de novas nações epistemológicas. Na CF/1988, além do preâmbulo, no art. 218 asseguram-se valores decorrentes de uma "sociedade fraterna, pluralista e sem preconceitos, fundada na harmonia social e comprometida, na ordem interna e internacional" (Brasil, 1988).

Nesse sentido, Sousa Santos (2010, p. 84, tradução nossa) afirma que "a plurinacionalidade implica no fim da homogeneidade institucional do Estado", de modo a haver uma refundação do Estado nessas bases e perspectivas, com vistas a concretizar a inclusão dessa representatividade nas instituições públicas como reflexo do avanço social.

Ademais, os **direitos de quinta geração/dimensão** podem ter relação direta com a vida humana ou não humana (Wolkmer, 2013), abrangendo aspectos como ciência e tecnologia, bioética, biodireito, biossegurança, reprodução assistida, aborto e eutanásia. Com o avanço da revolução tecnológica, é possível perceber que a sociedade necessita estar alerta aos pressupostos éticos, de modo a repensar os limites de utilização das novas tecnologias, as quais devem ser empregadas em benefício da raça humana, como acontece com a técnica de clonagem de seres humanos, o que vem sendo muito questionado e combatido pela comunidade científica e pela sociedade internacional desde o início do milênio. Outro importante debate bastante atual é a robotização de modelos de humanos e suas programações de comportamento, o que vem suscitando inúmeras discussões na seara internacional atual quanto ao aspecto padrão moral ético de atuação social dessas máquinas, seja no ambiente público, seja no privado.

Alguns doutrinadores sustentam que os direitos de quinta dimensão correspondem ao direito à paz e ao bem comum entre os povos (Bonavides, 2011). Outros alegam que são o direito ao futuro da humanidade, denominado *geração esperança* (Mazzuoli, 2015). Existem também aqueles que afirmam que tais direitos estão relacionados às tecnologias da informação, ao ciberespaço, à realidade virtual (Wolkmer, 2013). Portanto, podemos concluir que essa é uma questão ainda bastante indefinida para as doutrinas brasileira e internacional em matéria de direitos humanos.

É certo que a revolução tecnológica é e será um fator de grande avanço para a sociedade da modernidade, mas também um fator de enorme desagregação a depender do modo como alcançará, se alcançar, os países com médio e baixo desenvolvimento. O modelo de globalização "cultural ideológico" não "emancipatório" (Flores, 2005, p. 96) tem provocado, mais evidentemente, a discriminação, a exclusão do humano em diversas áreas (política, social, econômica) e a degradação do meio ambiente (Sassen, 2016), sendo o refúgio (Mahlke, 2017) e as migrações forçadas (Pinheiro; Freitas, 2019) eventos que acarretam graves violações aos direitos humanos. Portanto, é necessária uma ampla proteção nacional, regional e internacional a tais direitos, de modo que possa haver consenso acerca da necessidade de proteção, garantia e promoção aos direitos humanos (Bobbio, 2006).

Há quem defenda uma **sexta geração/dimensão de direitos humanos**, relacionados ao direito à água potável (Fachin, 2008), que tem por base o nível de contaminação dos mares e dos rios, essenciais à manutenção da vida no planeta. De fato, essa é uma grande preocupação e um debate que vem ganhando atenção nacional e internacional em virtude da crescente escassez da água própria para o consumo e do fenômeno da mercantilização da água. Isso foi discutido na Conferência Internacional da Água e Meio Ambiente, celebrada em Dublin, em 1992, na qual se anunciou que a água deve ter preço acessível (princípio n. 4º), atribuindo-se, portanto, um valor econômico em suas diversas formas de uso.

No entanto, há aqueles que sustentam que a água não é mercadoria, mas um direito humano, diante do disposto na Resolução da ONU n. 64/292, de 2010 (ONU, 2010), que reconheceu a água doce e o saneamento básico como direitos humanos, devendo o Estado promovê-los, em decorrência do desenvolvimento sustentável e do direito humano à saúde, o que se relaciona aos direitos de segunda e de terceira geração. Portanto, o direito à água potável é essencial para a preservação e o desenvolvimento e a dignidade da vida humana no planeta.

— 1.3 —
Fontes, fundamentos, características e classificações dos direitos humanos

Inicialmente, ressaltamos que o direito internacional é o instituto no qual residem os direitos humanos. A evolução da proteção humanística aconteceu como consequência das guerras mundiais, razão pela qual os fatos e os fundamentos históricos constituem-se em fontes normativas aos direitos humanos. "O valor da pessoa humana enquanto 'valor-fonte' da ordem da vida em sociedade encontra a sua expressão jurídica nos direitos fundamentais do homem" (Lafer, 2015, p. 20). Tais direitos foram alvo de muitas lutas e uma conquista histórica que se impõe desde a Antiguidade.

Por essa razão, as fontes do direito internacional ainda são aplicáveis aos direitos humanos e podem ser elencadas da seguinte forma:

- tratados internacionais em matéria de direitos humanos, os quais são compromissos celebrados;
- costumes internacionais – art. 38 do Estatuto da Corte Internacional de Justiça (ECIJ) (CIJ, 1945);
- princípios gerais do direito;

- fontes auxiliares, como a doutrina especializada nacional e internacional, além da jurisprudência das cortes internas e internacionais em matéria de direitos humanos;
- *soft law*, normas que não são dotadas de coercibilidade, a exemplo de declarações, recomendações, resoluções, códigos de conduta, diferentemente das normas *hard law*, em que, havendo o descumprimento, há o preceito sancionatório; esta última é uma espécie normativa em franca ascensão nas organizações internacionais governamentais e não governamentais.

Com relação às fontes expostas, vale ressaltar que a *soft law* vem se consolidando como uma fonte normativa. Há quem defenda que a Carta da ONU, de 1945, e a DUDH, de 1948, além das resoluções e recomendações dos organismos das Nações Unidas, sejam classificadas como tal espécie normativa, inclusive o Pacto Global da ONU, a Agenda 2030 e os 17 Objetivos de Desenvolvimento Sustentável (ODS), exemplos de importantes instrumentos propagadores da ideia de desenvolvimento aliado à sustentabilidade, o que demonstra a importância dessas normas, ainda que destituídas de coercibilidade (Nasser, 2005a).

As resoluções provenientes das organizações internacionais vinculadas à ONU, especialmente em matéria de meio ambiente e saúde pública, para alguns, são dotadas de coercibilidade porque estão situadas no plano internacional, uma vez que, se desrespeitadas, colocam "em xeque, objetivamente, a autoridade dos organismos" (Mazzuoli, 2020), o que esbarra no sensível tema da soberania dos países em decidirem por aderir ou não ao cumprimento, mas que, em razão da urgência e da necessidade, contribuem para a observância dessas normas em decorrência dos reflexos econômicos, políticos e sociais que seu descumprimento pode acarretar. Alguns exemplos são as resoluções expedidas pela Organização Mundial de Saúde (OMS) na pandemia de covid-19, em 2020 e 2021, e a Declaração das Nações Unidas para a Restauração dos Ecossistemas 2021-2030, do Programa das Nações Unidas para o Meio Ambiente (PNUMA), entre outros.

Há de se ressaltar que o avanço tecnológico propicia uma revolução social e, por consequência, jurídica, com a necessidade de uma reinvenção do modelo de Estado nacional a fim de comportar outras espécies normativas, de acordo com a velocidade em que as informações são produzidas e alteradas. Muitas dessas espécies normativas precisam ser cumpridas no âmbito interno, a exemplo daquelas relacionadas ao meio ambiente, razão por que é preciso um novo modelo de discussão e deliberação de tais normas, em âmbitos nacional e internacional, para o século XXI.

Portanto, em razão da infinidade e da complexidade das normas produzidas no direito internacional, deve-se estabelecer um diálogo entre fontes e, assim, promover uma maior coerência/justiça ao ordenamento (Bobbio, 2014). Isso pode ser conformado por meio de uma análise "coordenada de fontes legislativas convergentes", pelos métodos de hierarquia, de especialidade ou cronológico (Vieira, 2014, p. 146-151), o que marca o direito internacional da atualidade por uma intensa dinâmica de atores estatais e não estatais no que se refere à elaboração de padrões normativos.

A ampla doutrina brasileira sustenta que o *jus cogens* decorrente do direito das gentes seria uma fonte do direito internacional aplicável aos direitos humanos, e tais direitos são absolutos. Ocorre que o caráter vago não apenas torna incerto o conteúdo das normas do *jus cogens*, mas também torna imprecisa sua aplicabilidade, sua força normativa (Nasser, 2005b). Ora, nesse raciocínio, não há como estabelecer um preceito sancionatório para uma norma que não tem um significado claro e preciso.

Por essa razão, particularmente, contrariando a doutrina amplamente majoritária, entendemos que a aplicabilidade dessa fonte de direito internacional não é a melhor técnica à proteção dos direitos humanos, uma vez que a concepção de *ius gentium* decorre de cumprimento imediato e contínuo de tais direitos, uma espécie de consenso geral das nações, o que não retrata apenas a realidade nos países cujos territórios são marcados pela pobreza e pela exclusão, mas também em países avançados, não sendo um contexto fático apropriado a caracterizar a norma cogente, imperativa, absoluta do *jus cogens* no contexto de sociedade atual (Pinheiro, 2021).

Como afirmado, as fontes dos direitos humanos estão bastante associadas à evolução histórica no decorrer dos séculos, desde a Antiguidade, com a exaltação das liberdades e do direito de propriedade na região da Babilônia do Rei Ciro III; em Roma, com a consagração da vida em comum dos romanos; e na Grécia, com a filosofia dos valores fundamentais dos gregos. Na Idade

Média, a criação do *jus gentium*, ou "direito das gentes", e a concepção jusnaturalista, com base em um direito natural, inerente à vida humana, galgou-se ao *status* de fonte dos direitos humanos (Lafer, 2015).

A criação de um direito positivado a partir do século XVII, com a exaltação de direitos fundamentais, é o marco para a concepção dos Estados Modernos nos moldes das revoluções burguesas, sendo necessária a consagração de um direito posto, no modelo da concepção liberal da época, como fator agregador e impulsionador de uma nova ordem internacional em benefício da burguesia e em detrimento da monarquia real e do Estado Igreja, sendo a escola juspositivista uma nova fonte de direitos humanos, eis que baseada nos ideais das liberdades (Ramos, 2015).

Com a formação dos grandes centros urbanos e o crescimento da sociedade em diversos países da Europa, as economias de Inglaterra, França e Alemanha entraram em ascensão, fortalecendo e consolidando o sistema capitalista de produção e as novas relações jurídicas com a criação de indústrias, bancos e comércio, além do fato de a mão de obra trabalhadora dos operários ser substituída pelas máquinas.

Os movimentos socialistas e comunistas do século XIX simbolizam um importante momento histórico marcado pelos eventos revolucionários que retratam a luta de classes: relação entre oprimidos e opressores; fortalecimento e consolidação de um novo modelo de produção capitalista embasado na mais-valia; relação entre capital e trabalho com um discrepante acúmulo de capital em contraposição às jornadas de trabalho desumanas de homens, mulheres e crianças. Tudo isso foi representado pelo *Manifesto do Partido Comunista* (Marx; Engels, 2006). Havia a necessidade de representar os verdadeiros anseios da sociedade, o que não aconteceu quando a burguesia assumiu o poder político na Europa Ocidental. Portanto, surgiu uma nova corrente de pensamento, socialista/marxista como fonte dos direitos humanos (Ramos, 2015).

Nessa linha temporal, o momento paradigmático do século XX é o período pós-guerras mundiais, com uma nova ordem internacional e uma nova concepção acerca da necessidade de criação de uma organização internacional em prol da manutenção da paz entre os povos, da cooperação e do desenvolvimento. Havia uma forte atuação diplomática para conceber-se o sistema universal e regional de proteção dos direitos humanos, com a assinatura da Carta da ONU, em 1945, e a Declaração Internacional de Direitos Humanos, em 1948 – um momento do século XX que fez nascer uma construção teórica de uma nova corrente baseada da reconstrução dos direitos humanos em nível universal (Trindade, 2003).

Portanto, das atrocidades das grandes guerras (Mazzuoli, 2015), observa-se um consenso sobre a necessidade de aproximação dos valores da ética aos direitos, com a inserção de valores que passaram a ser fundamentais para a nova ordem constitucional. Na Europa Ocidental, isso ocorreu com a Constituição Italiana de 1947 e a Constituição Alemã de 1949, entre outras, internacionalizando a positivação dos direitos, sobretudo os direitos de igualdade, tendo a dignidade da condição humana como elemento valorativo central e que serviu de modelo para a elaboração das novas constituições nos séculos XX e XXI e dos tratados internacionais em matéria de direitos humanos.

Assentada e estruturada a nova ordem internacional estabelecida após as guerras mundiais, formada pela celebração de uma série de tratados e convenções em direitos humanos, como os dois pactos internacionais das Nações Unidas e as Convenções Europeia, Americana e Africana (voltadas às especificidades regionais), outros tratados sobre temáticas específicas passaram a ser celebrados, o que representa, no plano internacional, a formação do sistema especial de proteção aos direitos humanos de acordo com variadas temáticas sensíveis, como discriminação racial, mulheres, tortura e tratamentos cruéis, crianças, trabalhadores migrantes, pessoas com deficiência, povos indígenas, entre outros.

No que se refere aos direitos dos tratados, além das regras protetivas contidas em declarações, tratados, convenções, pactos etc., a Convenção de Viena, de 1969, previu a possibilidade de aplicação de diversos princípios, denominados *vetores*, para auxiliar na interpretação de tais documentos, cláusulas obscuras, ambíguas, desarrazoadas, destacando-se os seguintes (Ramos, 2015):

- princípio da interpretação *pro homine*, em que o destinatário da norma e a quem deseja se proteger é o homem;
- princípio da primazia da norma mais favorável ao indivíduo, em que, em uma possível colisão entre as normas internas

de um país e as internacionais, deverá prevalecer a que mais beneficia o homem;
- princípio da máxima efetividade, em que deve ser alcançada a concretude das normas, a fim de satisfazer o indivíduo;
- princípio da interpretação autônoma, em que a interpretação não está condicionada à interpretação doméstica realizada por um país;
- princípio da interpretação evolutiva, em que a interpretação deve ocorrer de modo dinâmico, de acordo com a evolução da sociedade.

Os direitos humanos apresentam características particulares de acordo com o tempo, o lugar, o contexto político, social, econômico e cultural, quando comparados a diversos ordenamentos jurídicos dos países. No entanto, existem determinadas características universais que passaram a ser instituídas por consenso no período após as grandes guerras, como a necessidade protetiva dos direitos humanos, relevante para compreender a importância e a extensão de tais direitos.

Essas características, muitas vezes, comunicam-se, pois os direitos humanos são interligados como uma espécie de corolário, logo, não há como deixar de haver uma relação bastante aprofundada entre eles. Por exemplo, não se pode falar em dignidade sem a proteção às liberdades, ou mesmo sem a proteção às igualdades, ou à promoção de uma sociedade fraterna. Portanto, em relação à titularidade, à natureza e aos princípios dos direitos humanos, a doutrina aponta uma importante classificação para fins didáticos (Mazzuoli, 2015; Ramos, 2015). Vejamos:

- **Historicidade:** Os direitos humanos são fruto de um processo evolutivo da humanidade. Após 1945, houve uma nova concepção universal de direitos. Atualmente, com o avanço do neoliberalismo, é necessário que sejam protegidos tais direitos, uma vez que são fruto da evolução do processo histórico da sociedade.

- **Centralidade:** São direitos que se situam de centro normativo de todo ordenamento jurídico, seja no plano de direito constitucional, pelos países, seja no plano do direito internacional, pelos Estados, em uma comunidade internacional, com a celebração de tratados internacionais que versem sobre tais temas.

- **Universalidade e transnacionalidade:** Como já mencionado, os direitos humanos concebidos após 1945 são fruto de consenso internacional e tidos como padrão para as civilizações do final dos séculos XX e XXI, pois correspondem a direitos inerentes à condição humana.

- **Essencialidade:** São direitos essenciais, pois se referem a valores inerentes à condição de uma vida digna. Isso se reverte não apenas no que é necessário à sobrevivência, mas também em todos os recursos relacionados à emancipação do indivíduo, incluindo-se, portanto, direitos assistenciais.

- **Efetividade:** O ente estatal está condicionado à efetivação dos direitos humanos, no mínimo, dos direitos de primeira dimensão. Os direitos de segunda geração admitem implementação de modo programático, quando as constituições determinarem leis que venham a contemplar tais direitos.

Já os direitos de terceira dimensão estão em consolidação em âmbito internacional, e sua efetivação ainda depende de consensos em nível nacional e internacional.

- **Indivisibilidade**: São direitos que não podem ser divididos; devem ser exercidos na sua integralidade e todos têm igual importância e proteção jurídica.
- **Concorrência ou interdependência**: Todos os direitos humanos estão interligados, apresentam interseções; daí se afirmar que se revestem na forma de um corolário, não se admitindo a exclusão de direitos.
- **Complementariedade**: Do mesmo modo que o tópico anterior, são direitos que se complementam, por isso se diz que as dimensões de direitos humanos são fruto de um processo de evolução que determina a importante relação entre os direitos geracionais.
- **Inexauribilidade**: Não se admite que tais direitos estejam sujeitos a um rol taxativo, ao contrário, admite-se a expansão/ampliação do rol dos direitos humanos por meio de um critério argumentativo-dialético-argumentativo, ou seja, os direitos humanos têm uma elasticidade, de modo que podem ser interpretados e reinterpretados, podendo ser ampliados em sua conceituação por meio de uma interpretação hermenêutica.
- **Imprescritibilidade**: São direitos que não se perdem com o passar do tempo, pois, ainda que no direito interno haja a prescrição, a Corte Interamericana de Direitos Humanos

(Corte IDH), em diversas situações, tem determinado a reinstauração de procedimentos ao Estado de origem, como em novas investigações para crimes cometidos, entre outras medidas.

- **Inalienabilidade**: São direitos não passíveis de venda, aos quais não se atribui dimensão financeira, pecuniária. Logo, não são passíveis de transferência, cessão ou venda, ainda que haja eventual consentimento de seu titular, o que não quer dizer que a violação de direitos humanos não possa ser resolvida por meio de negociação e acordo financeiro, pois, diante dessas situações, o direito humano permanece incólume.
- **Indisponibilidade ou irrenunciabilidade**: Tais direitos não podem ser renunciados pelo seu titular, portanto, uma simples autorização nesse sentido jamais se convalida e deve ser desprezada.
- **Vedação ou proibição ao retrocesso ou efeito *liquet***: Não é possível qualquer tentativa de proibição à concretização a tais direitos assegurados, sendo necessário, ao revés, que sejam agregadas novas concepções de acordo com a evolução da humanidade, de acordo com o critério hermenêutico argumentativo-dialético a ser adotado pelo intérprete.
- **Limitabilidade**: Embora sejam direitos inexauríveis, inalienáveis, imprescritíveis e irrenunciáveis, nenhum direito humano é absoluto, portanto, não é ilimitado, principalmente quando um direito humano estiver em uma "aparente colisão" com outro direito humano. Segundo a doutrina, todos os direitos

humanos têm igual importância e não existe hierarquia entre eles. Logo, se houver uma situação de tensão, deve-se analisar o caso concreto como um *hard case* e verificar qual dos direitos deve prevalecer com base no princípio da razoabilidade. Quanto maior for o descumprimento de um direito, maior deve ser o cumprimento de outro, ou seja, deve ocorrer um equilíbrio, um balanceamento (Alexy, 2015).

Capítulo 2

Estrutura da Organização das Nações Unidas (ONU) – Sistema internacional universal

O pós-Segunda Guerra Mundial foi determinante para uma reconstrução dos direitos nos países da Europa, um momento internacional favorável à adoção dos sistemas internacionais de proteção aos direitos humanos, bem como à criação de um marco para a internacionalização dos referidos direitos pela Declaração Universal dos Direitos Humanos (DUDH), de 1948.

A Carta da ONU determinou a criação do sistema internacional universal, ou onusiano, e do sistema internacional regional de proteção aos direitos humanos, que contempla os sistemas europeu, americano e africano, ou seja, embasados nas peculiaridades regionais. Há também os sistemas árabe e asiático, ainda em concepção, fundamentados em documentos escritos por esses povos.

Vale ressaltar que, no âmbito das Nações Unidas, após a criação do sistema global de proteção aos direitos humanos e às liberdades fundamentais, em 1946, promoveu-se uma divisão nas formas de monitoramento, com a adoção de mecanismos ou subsistemas de proteção aos direitos humanos, a saber: mecanismos convencionais e extraconvencionais.

Já quanto ao sistema onusiano de proteção aos direitos humanos, a Carta das Nações Unidas, também denominada *Carta de São Francisco*, de 1945, estabelece, em seu art. 7º, a estrutura das Nações Unidas:

- Assembleia Geral;
- Conselho de Segurança;
- Corte Internacional de Justiça (CIJ);

- Conselho Econômico e Social (Ecosoc);
- Secretariado-Geral;
- Conselho de Tutela.

Agora, veremos com mais detalhes cada um dos órgãos da estrutura da ONU.

— 2.1 —
Assembleia Geral

A Assembleia Geral da ONU, por ser o principal órgão deliberativo, integrado por todos os membros (art. 9º da Carta), tem a atribuição de discutir qualquer assunto relacionado à Carta da ONU, definir as políticas a serem implementadas pela organização, elaborar recomendações aos membros ou ao Conselho de Segurança (art. 10 da Carta), exceto em situações específicas nas quais já haja a atuação do Conselho de Segurança (art. 12 da Carta) (ONU, 1945).

Todos os 193 países-membros são representados na Assembleia Geral e todos têm direito ao voto, independentemente de sua importância geopolítica ou dimensão territorial. A assembleia constitui-se, portanto, em um órgão de importância universal e com representação igualitária. Os membros reúnem-se uma vez por ano, entre setembro e dezembro, com a possibilidade de reunião para tratar de questões gerais. A composição e o funcionamento estão consubstanciados no Capítulo IV da Carta da ONU. As questões relativas à promoção da paz e da segurança, ao orçamento e à eleição dos membros são decididas pelo voto de dois terços de seus membros, enquanto outras questões são votadas e decididas por maioria simples. A Assembleia Geral deve fazer a supervisão do orçamento da ONU, a nomeação de membros não permanentes para o Conselho de Segurança, a supervisão de relatórios dos órgãos vinculados à ONU, estudos e recomendações para promover a cooperação internacional na seara política, a promoção do desenvolvimento progressivo, a cooperação internacional nas searas econômica, social, cultural, educacional e sanitária, além de favorecer o exercício dos direitos humanos e das liberdades fundamentais dos povos sem qualquer distinção e de promover a paz entre os povos (art. 13 da Carta).

— 2.2 —

Conselho de Segurança

O Conselho de Segurança da ONU é o órgão responsável pela segurança e pela paz internacional e sua atuação deve ser pautada nos princípios e nos propósitos da Carta das Nações Unidas (art. 24 e incisos). Atualmente, é composto por 15 membros, cinco deles permanentes: Estados Unidos, Rússia, Reino Unido, França e China (arts. de 23 a 27 da Carta). Dos países citados, vale ressaltar que apenas o último não foi vencedor da Segunda Guerra Mundial. Há também os membros não permanentes, que são dez, eleitos pela Assembleia Geral, conforme dispõe a Carta da ONU (art. 23), para um mandato de dois anos, sem a possibilidade de reeleição (ONU, 1945). Todos os países que compõem o Conselho de Segurança têm o direito de voz e voto, e as decisões relativas a seus procedimentos, bem como outras questões, devem ser deliberadas mediante voto afirmativo de nove membros no mínimo, incluindo-se, entre eles, o voto afirmativo dos cinco membros permanentes, que têm poder de veto. Portanto, se algum desses cinco países vetar alguma proposta/resolução, esta não terá seguimento. Esse é um aspecto que dificulta a deliberação de questões universais, especialmente quanto à paz e à segurança; na prática, acabam sendo discutidas situações que contrariam os interesses desses membros, já que o Conselho tem uma espécie de responsabilidade primária.

A estrutura do Conselho de Segurança permanece inalterada e inflexível com o passar dos tempos, pois, após 70 anos do advento das Nações Unidas, observa-se a dificuldade de consenso no trato de questões essenciais para a humanidade, especialmente graças ao aumento pujante dos povos e da comunidade internacional e a uma crise em sua legitimidade em razão da baixa representatividade desse órgão, já que não há a presença de países de baixo e médio desenvolvimento, que possam provocar uma deliberação mais ampla e aberta. Desse modo, é necessária uma reforma no Conselho de Segurança, a fim de que o órgão possa trazer resultados mais concretos para a sociedade internacional, de acordo com os ditames da Carta da ONU.

— 2.3 —
Corte Internacional de Justiça (CIJ), ou Corte de Haia, ou Corte Mundial

A Corte Internacional de Justiça (CIJ), ou Corte de Haia, ou Corte Mundial, é o principal órgão judiciário da ONU, criado depois da Segunda Guerra Mundial, conforme o art. 92 da Carta da ONU. Substituiu a Corte Permanente de Justiça Internacional (1921-1946), estabelecida após a Primeira Guerra Mundial, a qual, assim como a Liga das Nações, não teve sucesso em sua atuação. Todos os membros da ONU fazem parte do Estatuto da Corte Internacional de Justiça (ECIJ) – um documento anexo à Carta da ONU – e devem reconhecer a obrigatoriedade do cumprimento das decisões de que for parte (arts. 93, I, e 94, I, da Carta).

A competência da corte não deve ser confundida com a do Tribunal Penal Internacional (TPI), pois este não faz parte do sistema onusiano, uma vez que sua competência está relacionada ao processamento e ao julgamento dos indivíduos, enquanto a CIJ julga disputas entre Estados em diversas temáticas. Também não deve ser confundida com outras diversas cortes internacionais, como a Corte Europeia, a Corte Interamericana e a Corte Africana, que julgam Estados com base nos sistemas regionais de proteção aos direitos humanos, de acordo com as respectivas convenções regionais e tratados em vigor na ONU, bem como instrumentos celebrados no âmbito desses sistemas regionais de proteção.

A CIJ é formada por 15 juízes, pessoas dotadas de qualificação profissional com notável saber jurídico na área do direito internacional, de independência inerente à atuação judicante, mediante aprovação por maioria absoluta da Assembleia Geral da ONU e do Conselho de Segurança para um mandato de nove anos, em que se possibilita a recondução desde que haja a renovação de um terço (cinco membros) a cada três anos (arts. 2º, 3º e 13 do ECIJ). Também é uma preocupação constante do Estatuto que os juízes possam representar grandes civilizações e os principais sistemas jurídicos (arts. 4 e 9 do ECIJ).

No âmbito internacional, a CIJ atuará apenas nos casos movidos entre os Estados-membros da ONU para os quais tenha competência contenciosa e consultiva, conforme determinam os arts. 36 e 38 e o Capítulo IV do ECIJ, além dos arts. 93, inciso I, 94, incisos I e II, e 96 da Carta da ONU, ou seja, correspondem aos assuntos previstos na Carta da ONU e/ou em tratados e convenções vigentes.

A competência contenciosa da CIJ visa solucionar litígios entre os Estados-membros integrantes da ONU. Já a competência consultiva tem por finalidade elaborar pareceres sobre questões jurídicas solicitadas pela Assembleia Geral ou pelo Conselho de Segurança, bem como por outros membros da ONU e entidades especializadas, desde que previamente autorizado pela Assembleia Geral (art. 96, I e II, da Carta da ONU), e ainda analisar questões relativas à interpretação de tratados internacionais. Os pareceres não têm força vinculante.

Podem litigar perante a CIJ os Estados-membros do ECIJ e aqueles que se tornem membros do estatuto e, assim, aceitem a jurisdição da corte (arts. 36 e 37 do ECIJ), mediante decisão da Assembleia Geral (art. 93, II, da Carta). No caso de descumprimento da decisão, poderá o caso ser levado ao Conselho de Segurança para serem adotadas medidas mais adequadas (art. 94, II, da Carta). Alguns casos ainda podem ser enviados a outros tribunais após acordo entre os Estados, conforme indica o art. 95 da Carta. No entanto, em âmbito internacional, não há jurisdição obrigatória à qual os Estados estejam submetidos, a não ser por concordância dos próprios Estados, quando do reconhecimento de tal jurisdição.

As decisões da CIJ são dadas com base nas fontes do direito internacional: tratados ou convenções internacionais em vigor; princípios gerais do direito; costumes internacionais; decisões judiciais da corte; doutrina especializada e avalizada sobre o tema. Se for de consentimento das partes, a corte também pode se utilizar das regras da equidade (art. 38 do ECIJ) (Rezek, 2008).

Há doutrinadores que questionam a atuação da CIJ sob o argumento de que não há nenhum caso em que o Conselho de Segurança da ONU tenha realizado a intervenção pela força para dar cumprimento à decisão, carecendo, portanto, de meios efetivos de coerção e concretização dessas decisões, o que repercute negativamente pela parcialidade dos julgamentos dessa corte. Dificilmente juízes da CIJ julgam contra Estados que a nomearam e não julgam favoravelmente aos Estados culturalmente dominantes (Posner; Figueiredo, 2005).

— 2.4 —
Conselho Econômico e Social (Ecosoc)

O Conselho Econômico e Social (Ecosoc) é outro importante órgão da ONU, com atuação no campo da pesquisa e na formulação de estudos e relatórios de caráter econômico, social, cultural, ambiental, educacional, sanitário e conexos. As sessões ordinárias do conselho acontecem anualmente em julho, com duração de quatro semanas, e podem abranger cinco segmentos:

1. reunião de alto nível;
2. debate sobre questões de coordenação;
3. debate sobre questões operacionais;
4. debate sobre assuntos humanitários;
5. debate geral.

Tais eventos são realizados, no decorrer do ano, na forma de sessões ou reuniões preparatórias, mesas redondas, painéis temáticos em parcerias com membros da sociedade civil. O Ecosoc coordena as atividades de 14 agências especializadas das Nações Unidas, de suas comissões técnicas e de suas comissões regionais (Alves, 2013) e é o principal fórum de debate relativo às questões econômicas e sociais. Pode ainda elaborar recomendações à Assembleia Geral sobre assuntos relacionados na Carta da ONU, especialmente no que se refere à promoção do respeito aos direitos humanos e às liberdades fundamentais (art. 62), dirigidas aos Estados-membros e aos órgãos da ONU. O Ecosoc tem diversas organizações vinculadas, com o objetivo de implementar o desenvolvimento em âmbito internacional e atuar como órgão central da ONU para o diálogo e a análise de políticas públicas de eficácia à cooperação internacional e ao desenvolvimento. Têm atuações específicas no Ecosoc: Organização das Nações Unidas para o Alimento e Agricultura (FAO, do inglês *Food and Agriculture Organization*), Organização Internacional do Trabalho (OIT), Organização Mundial da Saúde (OMS), Organização das Nações Unidas para a Educação, Ciência e Cultura (Unesco) e o Conselho de Direitos Humanos, entre outros.

O Ecosoc tem atualmente uma representatividade de 54 países, eleitos por um período de três anos, podendo ser reeleitos para mandatos consecutivos. Representa, assim, diversas regiões do planeta: 14 assentos para a África, 11 assentos para a Ásia, 6 assentos para a Europa Oriental, 10 assentos para a América Latina e o Caribe, 13 assentos para a Europa Ocidental. Esse conselho é o único órgão da ONU em que há a participação de organizações não governamentais (ONGs) – em 2021, havia 3.400 organizações com participação ativa, as quais, ao assumirem o *status* consultivo, passam a atuar ativamente nos órgãos subsidiários do Ecosoc, consoante o que estabelece a Resolução n. 1.996/31 do Ecosoc, de 25 de julho de 1996 (ONU, 1996).

Por fim, muito se questiona pela doutrina a possibilidade de reformas na estrutura, o modo de funcionamento, as competências e as finalidades do Ecosoc, a fim de que se tenha um maior desenvolvimento de suas competências e, com isso, um aprimoramento das atividades desse órgão no âmbito da ONU (Alves, 2013).

— 2.5 —
Secretariado-Geral

O Secretariado-Geral é o órgão composto pelo secretário-geral, recomendado pelo Conselho de Segurança, o qual deverá nomear os demais secretários, apresentar relatório anual de suas atividades na Assembleia Geral e atuar em todos os órgãos da ONU. Uma importante função do Secretariado é o processamento do registro e do arquivo dos tratados internacionais em direitos humanos celebrados e ratificados pelos Estados-membros, nos termos do que dispõe a Convenção de Viena de 1969 – arts. 76 a 80 (Brasil, 2009).

O **Alto Comissariado das Nações Unidas para os Direitos Humanos (ACNUDH)** é um importante órgão do executivo do Secretariado, criado, em Assembleia Geral, pela Resolução n. 48/141, de 7 de janeiro de 1994 (ONU, 1994). O ACNUDH é liderado pelo alto comissário, principal representante das Nações Unidas para os direitos humanos, nomeado pelo secretário-geral. O órgão tem escritórios em várias regiões no mundo e objetiva a cooperação, a assistência e o diálogo com setores do governo e entidades da sociedade civil, a fim de promover e proteger os direitos humanos ao redor do planeta.

— 2.6 —
Conselho de Tutela

O Conselho de Tutela é composto pelos membros permanentes do Conselho de Segurança. Tem como finalidade auxiliar a administração de territórios sob a chancela da ONU, devolvendo a independência e a paz. O último caso em que a ONU atuou foi em 1994, na Ilha da Palau, situada no Oceano Pacífico, e desde então estão suspensas suas atividades.

— 2.7 —
Mecanismos internacionais extraconvencionais e convencionais de proteção aos direitos humanos

Em 1946, o sistema global de proteção aos direitos humanos e às liberdades fundamentais promoveu uma divisão nas formas de monitoramento em mecanismos extraconvencionais, ou seja, nos órgãos internos da ONU, e em mecanismos convencionais, ou seja, nos órgãos externos, por força de tratados/convenções celebrados pelos países e com o apoio da ONU (Ramos, 2015):

- **Mecanismos extraconvencionais:** São executados pelos órgãos internos da ONU, com o monitoramento dos direitos a serem tutelados por meio de procedimentos próprios elaborados mediante revisão periódica universal e procedimentos especiais de averiguação.

- **Mecanismos convencionais:** São colocados em prática pelos órgãos externos, por meio de tratados e convenções celebrados por países e com o apoio da ONU, seguidos pelos comitês ou *treaty bodies* dos Estados-membros signatários que se submetem à supervisão do comitê.

Essa sistemática estruturada revela a preocupação das Nações Unidas com Estados que não são membros da organização ou que, se membros, não tenham ratificado tratados e convenções, o que, de certo modo, fragiliza o sistema de proteção aos direitos humanos, pois tais países não estariam sujeitos ao controle feito por meio de emissão de relatórios para a ONU. Esse é o motivo por que o mecanismo extraconvencional, na ONU ganha tamanha relevância para o direito internacional, já que os documentos celebrados ficam sujeitos à observância e ao monitoramento da ONU e de seus organismos.

Atualmente, o sistema extraconvencional, ou não convencional, é bem representado pelo **Conselho de Direitos Humanos (CDH)** – até 2006 era a antiga Comissão de Direitos Humanos –, formado por 47 Estados, eleitos pela Assembleia Geral para um mandato de três anos, podendo ser reeleitos por dois mandatos consecutivos. Os assentos são ocupados por grupos regionais de modo igualitário, e as pessoas eleitas são dotadas de total imparcialidade (Ramos, 2015).

A representação no CDH é realizada de maneira geográfica: 13 membros da África, 13 da Ásia, 6 da Europa Oriental, 7 da Europa Ocidental e outros (incluindo-se os Estados Unidos), 8 da

América Latina e do Caribe. A primeira eleição ocorreu em 2006. O Brasil foi eleito para o mandato 2020-2022. A mudança de Comissão para o CDH ocorreu por meio da Resolução n. 60/251, de 3 de abril de 2006 (ONU, 2006). O CDH, agora, é um órgão subsidiário e de apoio à Assembleia Geral da ONU (e não mais ao Ecosoc), designado a promover e a proteger direitos humanos na ordem universal. A Assembleia Geral pode suspender países-membros do Conselho no caso de reiterada violação aos direitos humanos mediante votação da Assembleia com maioria de dois terços, o que veio a ocorrer com a Líbia, em 2011 (Ramos, 2015).

Entre as atribuições relevantes do CDH, estão: a promoção e a aprendizagem dos direitos humanos, bem como a consultoria e a capacitação dos Estados-membros, com os respectivos consentimentos; a discussão em fóruns; a elaboração de recomendações à Assembleia Geral; o acompanhamento de dados e metas estabelecidos pelos Estados-membros; a realização das revisões periódicas universais; a contribuição para o diálogo, a cooperação e a prevenção das violações pelos Estados-membros; a atuação em conjunto com o escritório do ACNUDH, por força da Resolução n. 48/141; a elaboração de recomendações à proteção e à promoção de direitos humanos; a apresentação do relatório anual à Assembleia Geral da ONU (Melo, 2016).

O CDH realiza procedimentos especiais de averiguação públicos e procedimentos de queixas/denúncias (respectivamente, Resoluções n. 1.235/1967 e n. 1.503/1970 do então Conselho

Econômico e Social), além de criar o procedimento da **revisão periódica universal (RPU)** (Resolução n. 5/1 do Conselho de Direitos Humanos) (Ramos, 2015).

As RPUs realizam um monitoramento universal com vistas à promoção dos direitos humanos e à proteção e à defesa contra possíveis violações a esses direitos, em todas as regiões do planeta. Apresentam as seguintes características:

- universalidade, ou seja, as RPUs são realizadas em todos os países-membros da ONU;
- periodicidade (a cada quatro anos e meio);
- igualdade de tratamento;
- caráter participativo e colaborativo das discussões, sem discursos ideológicos (Ramos, 2015)

São fases da RPUs:

- elaboração de relatórios preliminares;
- diálogo interativo, com a presença das delegações;
- elaboração de relatório com as recomendações ao Estado;
- elaboração de relatório sobre a implementação das recomendações e a preparação para nova RPU (Fachin, 2009)

O primeiro ciclo da RPU foi realizado de 2008 a 2011, quando os prazos passaram para quatro anos e meio; o segundo ciclo, de 2012 a 2016; o terceiro, de 2017 a 2021. O Brasil participou em duas ocasiões, 2008 e 2012. As RPUs já foram realizadas em 192 países (Fachin, 2009).

Os **procedimentos especiais de averiguação** são executados por meio de procedimentos públicos e foram criados pela

Resolução n. 1.235/1967 (Ramos, 2015). No passado, houve forte atuação na política do *apartheid*, na África do Sul, com a elaboração de relatórios e a indicação das violações de direitos humanos. Já os **procedimentos de denúncias/queixas**, em caráter privado, instituídos pela Resolução n. 1.503/1970 (Ramos, 2015), regulamentaram a admissibilidade das comunicações individuais relacionadas às graves violações de direitos humanos, com natureza confidencial.

Ambos os procedimentos podem ser unipessoais ou coletivos. Nos unipessoais, são designados relatores especiais; nos coletivos, são indicados órgãos colegiados dirigidos pelos grupos de trabalho, compostos de pessoas escolhidas pelo CDH sob o juramento de independência e de autonomia em relação aos Estados, de acordo com suas qualificações, não sendo funcionários da ONU, embora estejam protegidos pelas prerrogativas e imunidades das Nações Unidas (Ramos, 2015). Por fim, o Alto Comissariado da ONU, um importante órgão executivo criado pela Resolução n. 48/141, com escritórios em várias regiões no mundo, tem por finalidade a cooperação, a assistência e o diálogo com setores do governo e entidades da sociedade civil.

Os comitês trabalham nas seguintes perspectivas: a primeira, em um sistema de monitoramento por meio de **relatórios periódicos** das obrigações assumidas, ou um sistema convencional não litigioso; a segunda, em um sistema quase judicial, por meio das **comunicações interestatais** e das **petições individuais**, em que vigora o princípio da cooperação internacional, que, por regra, são cláusulas facultativas nas respectivas convenções. Há, ainda, o **mecanismo judicial interestatal da CIJ** – nesse caso, o Estado-membro que fará a queixa deverá fazer parte do ECIJ. Ademais, se houver descumprimento da decisão, caberá recurso ao Conselho de Segurança, que analisará as medidas a serem adotadas para o caso (art. 94, I e II, ECIJ).

As convenções e os pactos sobre matérias específicas são relacionados com temáticas celebradas com o apoio da ONU. Cada tratado, convenção ou pacto estabelece a criação de comitês específicos para monitoramento, supervisão e eventual investigação, mediante o aceite do Estado-parte; interpretação dos tratados/convenções; recebimento e apuração das comunicações ou petições de violações aos direitos humanos. Todos os Estados-membros que ratificaram tais documentos devem dar cumprimento à Carta da ONU e aos tratados ratificados (Carvalho; Rubert; Veiga, 2019).

Tais comitês se utilizam dos seguintes recursos para realizar seu trabalho: sistema de relatórios, denominados *não contenciosos*; comunicações ou denúncias interestaduais, chamadas de *quase judiciais*; e comunicações ou petições/denúncias individuais, denominadas *judiciais* (Ramos, 2015). Os comitês devem supervisionar e monitorar a questão específica, e sua composição, seu funcionamento e seu modo de monitoramento são estipulados nos respectivos tratados.

Faz-se aqui dois destaques importantes de documentos celebrados em âmbito internacional convencional.

O primeiro é o **Pacto Internacional de Direitos Civis e Políticos** (PIDCP), que determina o papel do respectivo Comitê de Direitos Humanos, de natureza política e com atuação imparcial. Os mecanismos de proteção previstos são relatórios, consultas estaduais mútuas e, ainda, um sistema de petições ou denúncias individuais/particulares, que foi acrescentado por protocolo facultativo ao PIDCP, com uma função semelhante à investigativa ou quase judicial. O Brasil ratificou esse protocolo (Mazzuoli, 2015).

O segundo é o **Pacto Internacional de Direitos Econômicos, Sociais e Culturais** (Pidesc), o qual determina que o papel de monitoramento é possível apenas por meio de relatórios periódicos. Nesse sentido, foi determinada pelo Ecosoc a criação de um comitê sobre direitos econômicos sociais e culturais, já que não havia essa previsão no pacto. Há um protocolo facultativo ao Pidesc que se refere ao mecanismo de denúncia e investigação no caso de violação, mas que ainda não tem força jurídica em virtude do número de ratificações (Mazzuoli, 2015).

Além dos documentos mencionados no âmbito convencional de proteção aos direitos humanos, existem comitês focados nos seguintes temas:

- eliminação de todas as formas de discriminação racial;
- direitos das pessoas portadoras de deficiência;
- eliminação de todas as formas de discriminação contra a mulher;
- direitos da criança;
- contra a tortura e outros tratamentos desumanos ou degradantes;

- proteção dos direitos dos trabalhadores migrantes;
- proteção de todas as pessoas contra o desaparecimento forçado.

Por fim, alguns doutrinadores reconhecem o TPI com competência para atuar na hipótese de crimes de genocídio, crimes contra a humanidade, crimes de guerra e crimes de agressão (tipificados na Conferência de Kampala, em 2010). O TPI é um órgão externo, convencional, regido pelo Estatuto de Roma, aprovado em 1998, que entrou em vigor em 2002. Trata-se de um tribunal independente, composto por 11 juízes, com mandato de nove anos, não permitida reeleição (Ramos, 2015).

Capítulo 3

Estrutura da Organização das Nações Unidas (ONU) – Sistema internacional regional

Os sistemas regionais de proteção aos direitos humanos são compostos pelos sistemas europeu, interamericano e africano, ainda em pequeno grau de desenvolvimento, todos sempre com o mesmo propósito: promover a paz e a cooperação entre os povos e, individualmente, possibilitar a defesa e a proteção, bem como a promoção da dignidade humana (Piovesan, 2016). Para alguns doutrinadores, têm-se ainda os sistemas árabe e asiático, em formação inicial. Vejamos.

— 3.1 —
Sistema europeu

O sistema europeu de proteção aos direitos humanos foi o primeiro (vanguarda) a se desenvolver (Fachin, 2019). Iniciou-se em 1949, logo após a Segunda Guerra Mundial, com a criação do Conselho da Europa, a fim de unir e proteger os princípios e os ideais que regem essas nações, sobretudo com o respeito à democracia, ao desenvolvimento, aos direitos humanos e às liberdades fundamentais.

Nessa linha, em 1950 foi aprovada a **Convenção para a Proteção dos Direitos dos Homens e das Liberdades Fundamentais**, a qual passou a ser denominada **Convenção Europeia de Direitos Humanos** e entrou em vigor em 1953, tendo por objetivo a proteção dos direitos civis e políticos; os direitos econômicos, sociais e culturais estão contemplados na **Carta Social Europeia** (Ribas; Lima; Sakaro, 2019).

Em seu art. 1º, a Convenção europeia determina e assegura que cada Estado-parte deverá adotar as medidas necessárias à implementação dos direitos ali enunciados, em razão da necessidade de se compartilhar os mesmos parâmetros convencionais entre os países que a compõem. Essa é, portanto, uma cláusula geral e obrigatória (Piovesan, 2014).

Até janeiro de 2016, a Convenção europeia tinha a ratificação de 47 Estados-partes: 20 países do próprio continente e 27 países da UE. Em 1998, houve importante alteração com o Protocolo n. 11, quando todos os trabalhos foram unificados e direcionados à **Corte Europeia de Direitos Humanos (CEDH)**, que passou a atuar de modo irrestrito e em regime permanente. O protocolo também tornou obrigatórias algumas cláusulas antes facultativas, e as mais importantes referem-se à competência jurisdicional da Corte e ao direito de petição de qualquer pessoa perante a Corte, o que demonstra uma atuação bastante democrática (Ribas; Lima; Sakaro, 2019).

A CEDH – que não deve ser confundida com a Corte de Justiça da UE – localiza-se na França e foi criada em 1959. Visa proteger violações aos direitos e às liberdades contidos no texto da convenção europeia e nos respectivos protocolos integrantes da convenção (Fachin, 2009). É composta por um número de juízes correspondente ao número de Estados-membros, todos eleitos pelos Estados-membros no Parlamento Europeu, mediante lista apresentada por cada nação (com três integrantes), para um mandato de nove anos, sem reeleição, com idade máxima de

70 anos. É um órgão mantido pelo Conselho da Europa (art. 50 da Convenção Europeia de Direitos Humanos).

A competência da CEDH é contenciosa e consultiva, e os particulares têm o *jus standi* e o *locus standi*, ou seja, o direito de acionar diretamente a corte. Desse modo, a corte pode ser acionada por qualquer pessoa, organizações não governamentais (ONGs) e ainda grupos de pessoas, por meio de associações, entidades, entre outras, inclusive com a possibilidade de que participem do processo apresentando argumentos, provas etc. (Mazzuoli, 2015).

Já o acesso à corte está condicionado ao cumprimento de alguns requisitos: prévio esgotamento de recursos internos e observância do prazo de seis meses, a contar da última decisão proferida no âmbito do Estado-membro (com a ratificação do Protocolo n. 15). Nos próximos anos (a contar de 2021, ano de edição desta obra), o prazo será reduzido para quatro meses (Mazzuoli, 2015).

A sentença da CEDH é definitiva, supervisionada pelo Comitê de Ministros, que ficam responsáveis por verificar a execução da decisão. Muito está sendo questionado sobre o grau de discricionariedade das decisões, embora os Estados tenham de reconhecer a jurisdição dessa corte (Fachin, 2009).

— 3.2 —
Sistema interamericano

O sistema interamericano de proteção aos direitos humanos teve início com a criação da Organização dos Estados Americanos (OEA), em 1948 (entrou em vigor em 1951), da qual participaram 28 Estados-membros, incluindo-se o Brasil. A **Declaração dos Direitos e Deveres do Homem** também foi aprovada em 1948, o mesmo ano do advento da Declaração Universal dos Direitos Humanos (DUDH).

Após a criação do sistema interamericano, foi aprovada a **Convenção Americana de Direitos Humanos**, em 1969, também conhecida como *Pacto de São José da Costa Rica*, que entrou em vigor em 1978. O pacto considera a Comissão Interamericana de Direitos Humanos (CIDH) e a Corte Interamericana de Direitos Humanos (CADH) como integrantes do sistema regional interamericano (Mazzuoli, 2015).

A convenção americana tem por finalidade consolidar as liberdades pessoais e a justiça social, fundada nos direitos humanos, com os Estados-membros comprometidos ao disposto no documento, o qual apresenta, essencialmente, direitos civis e políticos (direitos de primeira geração). Além disso, menciona a adoção de medidas necessárias à proteção e à promoção de tais direitos, não podendo haver dispositivo de lei interna que venha a dispor de forma contrária (Piovesan, 2016).

Já o protocolo adicional à Convenção americana, chamado de *Protocolo de San Salvador*, aprovado em 1988, contempla os direitos humanos em direitos econômicos, sociais e culturais. Trata-se de uma cláusula de progressiva realização (direitos de segunda geração), em que os Estados-membros devem empregar os esforços necessários e possíveis à implementação de tais direitos (Piovesan, 2016).

A comissão interamericana é um órgão independente da OEA, com sede em Washington, formada por sete comissários, eleitos por Assembleia Geral da OEA para um mandato de quatro anos, sem reeleição. Sua finalidade é a proteção e a promoção aos direitos humanos, com a observância dos compromissos assumidos pelos Estados-partes, especialmente pelos mecanismos de monitoramento, com o recebimento de petições que contenham denúncias ou queixas (Ramos, 2015).

Além disso, a comissão interamericana tem competências definidas pela Carta da OEA e pela Convenção americana, entre as quais se destacam: recebimento de denúncias ou queixas (e encaminhamento à Corte interamericana se não for cumprida a reparação e o Estado tenha aceitado a jurisdição da Corte); solicitação de opiniões consultivas; e atuação nos processos perante a corte como *custos legis* (Mazzuoli, 2015; Ramos, 2015).

São legitimadas ao ingresso perante a comissão, por meio de queixa ou petição: qualquer pessoa; grupos de pessoas; entidades não governamentais reconhecidas pela OEA, conforme alguns requisitos (art. 46, § 1º, da Convenção Americana de Direitos Humanos), como: prévio esgotamento da jurisdição interna; apresentação da queixa ou petição no prazo de 6 meses a contar da última decisão definitiva; petição com qualificação, como nome, nacionalidade, profissão etc., ou seja, deve haver uma assinatura da pessoa, ou representante legal da entidade, pois não pode ser autônoma (Ramos, 2015). No entanto, a jurisprudência da Corte interamericana tem flexibilizado a exigência de requisitos em razão de algumas circunstâncias, como a inexistência de regras processuais claras, a impossibilidade ao direito de recurso na jurisdição interna, atrasos injustificados, entre outras.

No que se refere aos meios de proteção e promoção dos direitos relatados no Protocolo de San Salvador, o documento determina o monitoramento com base na emissão de relatórios periódicos, em que os Estados-membros podem apresentar as ações realizadas. No entanto, nesse caso também é prevista a possibilidade de petições individuais, por Estados-membros signatários do protocolo, perante a CIDH.

Além de outras convenções e pactos celebrados no sistema interamericano (relacionados à abolição da pena de morte, à proibição da tortura, à violência contra a mulher, às pessoas com deficiência, às pessoas idosas etc.) e que têm força jurídica vinculante aos membros signatários, em 2001, na OEA, foi celebrada a **Carta Democrática Interamericana**, com o objetivo de reforçar as democracias para as Américas (Ramos, 2015).

Já a **Corte Interamericana de Direitos Humanos (CADH)** tem sede em San José, na Costa Rica. Sua competência é consultiva e contenciosa. É composta de sete juízes, com a escolha feita mediante lista apresentada pelos Estados-partes da convenção, eleitos em Assembleia Geral para um mandato de seis anos, podendo haver apenas uma reeleição (Ramos, 2015).

A Corte Interamericana pode atuar na elaboração de opiniões consultivas a qualquer membro da OEA e, ainda, no julgamento de casos provocados pela comissão interamericana ou pelos Estados-partes. Nesse caso, não se reconhece a possibilidade de petições individuais, ou *jus standi*, como ocorre no sistema europeu (Mazzuoli, 2015).

As decisões proferidas pela Corte Interamericana devem ser fundamentadas e são definitivas e inapeláveis (com o julgamento, opera-se a coisa julgada). A Corte pode adotar as seguintes medidas:

- restabelecer o pleno exercício de direitos;
- restabelecer e/ou reparar eventuais circunstâncias;
- fixar *quantum* indenizatório;
- em caso de urgência, adotar medidas provisórias pertinentes ao caso (Mazzuoli, 2015).

É importante destacar que não é obrigatório o reconhecimento da jurisdição da Corte Interamericana em sua atuação contenciosa, pois o Estado pode ter ratificado a Convenção Americana, mas não ter reconhecido a jurisdição da Corte Interamericana. Isso é denominado pela doutrina de *cláusula facultativa*. Até o momento, 21 Estados-membros reconheceram a jurisdição da Corte Interamericana, incluindo o Brasil (Ramos, 2015).

— 3.3 —
Sistema africano

O sistema africano de proteção aos direitos humanos é o mais recente. Tem como base normativa a Carta Africana de Direitos do Homem e dos Povos, também conhecida como *Carta de Banjul*, aprovada pelos membros da Organização da Unidade Africana (OUA) em 1981, no Quênia (CADHP, 1981). Esse documento dispõe sobre direitos e deveres do homem e dos povos, contemplando os direitos civis e políticos, bem como os direitos econômicos, sociais e culturais, diferentemente de outras cartas (Mazzuoli, 2015).

A **Carta de Banjul** também disciplina a atuação da **Comissão Africana dos Direitos Humanos e dos Povos** (CADHP), a fim de promover os direitos relatados na carta e, ainda, atuar no monitoramento, que é feito por meio de relatórios, comunicações interestaduais e petições individuais, condicionadas ao atendimento de alguns requisitos (Mazzuoli, 2015).

Já o **Tribunal Africano de Direitos Humanos e dos Povos**, concebido pelo Primeiro Protocolo à Carta Africana, celebrado em 2004, no Egito, é composto de 11 juízes de diversas regiões (arts. 11 e 14, II, da Carta de Banjul). O tribunal tem competência para interpretar e aplicar a carta africana e outros documentos integrantes. São legitimados para atuação a Comissão africana, os Estados-membros que reconheçam a jurisdição do tribunal e as organizações intergovernamentais africanas.

O tribunal africano interpreta o texto constitucional e tem competência consultiva e contenciosa para o julgamento de casos; a sentença é definitiva e apelável, com a possibilidade de atribuição de verba indenizatória (art. 27, I, da Carta de Banjul). No entanto, a carta prevê a possibilidade excepcional de se revisar a decisão com base em novas provas (art. 28, III) e, em casos de urgência, adotar medidas provisórias pertinentes ao caso (art. 27, II) (Nowak; Bonatto; Ferreira, 2019).

Portanto, os sistemas internacionais regionais de proteção europeu, americano e africano, vinculados à ONU, também têm seus mecanismos de monitoramento previstos em sua estruturação normativa, além de eventuais responsabilizações decorrentes da atuação jurisdicional das respectivas cortes.

— 3.4 —
Sistema árabe

A Liga dos Estados Árabes aprovou, em 1994, a **Carta Árabe de Direitos Humanos** (revisada em 2004), um documento fundado na religião islâmica (Lei de Sharia e outras tradições religiosas), o que não traduz a ideia de um estado laico. Não há outro órgão instituído para a proteção aos direitos humanos na região árabe até o presente momento, o que fragiliza a ideia da existência de um sistema regional de proteção aos direitos humanos propriamente dito (Mazzuoli, 2015).

— 3.5 —
Sistema asiático

Por fim, no Continente Asiático, não existe sequer tratado ou estrutura normativa regional em matéria de direitos humanos, de modo que a Ásia está em uma situação mais sensível no que se refere à proteção aos direitos humanos em âmbito regional (Mazzuoli, 2015). Alguns autores admitem a Carta Asiática de Direitos Humanos de 1997 sob a forma de uma declaração composta por expressivas ONGs (Piovesan, 2016).

— 3.6 —
Particularidades sobre as Cortes internacionais regionais de proteção aos direitos humanos

Por regra, Cortes regionais, em matéria de direitos humanos, julgam Estados, e não pessoas, com exceção do Tribunal Penal Internacional (TPI), órgão criado com competência para processar e julgar indivíduos que praticam graves crimes contra direitos humanos (Ramos, 2015).

Portanto, são os países que devem ser responsabilizados pela violação de direitos humanos ocorrida em seus territórios, segundo a Carta da ONU. No entanto, há quem defenda a responsabilização das empresas transnacionais no plano internacional na qualidade de sujeitos de direito, já que a complexidade das relações multilaterais no planeta acarreta a tais empresas grande superávit econômico e, ao revés, estrondoso impacto em matéria de direitos humanos. Essa questão ainda encontra grande resistência, especialmente diante da ausência de ferramentas que possam comprometer as empresas transnacionais (Olsen; Pamplona, 2019).

As Cortes que compõem o sistema internacional regional de proteção aos direitos humanos (Cortes europeia e interamericana, em um grau mais avançado, e Corte africana) têm competência consultiva e contenciosa. Logo, admite-se o processamento das ações judiciais para condenar Estados com medidas de reparação de diversas ordens nos casos de violação a direitos humanos; uma delas é o direito à indenização.

É importante lembrar que as Cortes internacionais só podem receber uma denúncia se restar demonstrado (Piovesan, 2016):

- tentativa de solucionar o caso internamente. É o chamado *dever de esgotamento dos recursos internos*. Essa é a regra, embora possa ser dispensável pelas cortes quando não existem meios internos aptos a resolver o caso, ou quando os meios internos são ineficientes;

- ausência de litispendência internacional, ou seja, não pode haver caso tramitando em outro órgão da ONU;
- atendimento aos requisitos locais próprios que possa haver de cada corte

A ideia jurisdição internacional em caráter subsidiário e suplementar prevista no art. 2º, parágrafo 7º, da Carta da ONU é uma forma de exigir eficiência dos Estados-membros, ressignificando o conceito de soberania e o de capacidade do indivíduo, incumbindo-lhes a correta aplicação das leis e do direito convencional (Fachin; Sampar, 2012; Piovesan, 2016). No entanto, esse princípio pode ser relativizado em nível jurisprudencial, como aconteceu em algumas decisões da Corte Interamericana referentes ao Brasil, nas quais se entendeu pela admissibilidade do caso levado à Corte em razão da inércia do Estado brasileiro (exemplo: Corte Interamericana de Direitos Humanos *versus* Caso da Favela Nova Brasília *versus* Brasil, em 2017).

Como analisado, a globalização e a consequente modernização das relações jurídicas vêm acarretando, ao revés, a necessidade de proteção e promoção dos aludidos direitos geracionais ao redor do planeta. Nesse contexto, é crucial o fortalecimento de um profícuo diálogo entre cortes regionais em matéria de direitos humanos. Na medida em que as relações comerciais passam a ser mais acirradas, é necessário que haja órgãos internacionais que venham não apenas regulamentar e julgar eventuais disputas econômicas, como é o caso da Organização Mundial do Comércio (OMC), mas também que órgãos internacionais universais e regionais venham a proteger e promover direitos humanos, inclusive, criando-se uma linha convergente de atuação, quando possível, em matérias que vão para além dos territórios em nível global.

É o que vem ocorrendo, paulatinamente, nas Cortes Europeia e Interamericana de Direitos Humanos. Já a Corte Africana vem fortalecendo sua atuação como Corte de direitos humanos em razão das grandes dificuldades em serem promovidos direitos fundamentais e humanos naquele território, haja vista ser região com Índice de Desenvolvimento Humano (IDH) bastante deficitário.

Nesse sentido, o que se espera é uma maior atuação judiciária de convergência entre Corte Interamericana e Corte Europeia, de modo a promover o fortalecimento de um diálogo sobre direitos geracionais contidos em tratados e convenções, a fim de propiciar um avanço do sistema protetivo, especialmente no que se refere ao cumprimento das respectivas decisões das Cortes de direitos humanos (Pinheiro, 2021; Fachin; Robl Filho; Tomio, 2016). Afirma Piovesan que esse diálogo entre cortes pode ocorrer de três formas: (1) entre sistemas regionais de proteção, com a interrelação entre Corte Europeia e Corte Interamericana; (2) entre a jurisdição regional e a jurisdição constitucional; e (3) entre as jurisdições constitucionais.

A primeira forma, como analisado, vem sendo paulatinamente construída pelas Cortes internacionais regionais. Com relação à segunda e terceira, sistema interamericano e sistemas nacionais, nota-se a formação de uma base comum, um novo *ius commune* para a América Latina (Ayala Corao, 2004), o que vem se consolidando por meio da jurisdição constitucional de países da região e, noutra dimensão, mediante diálogo entre Cortes nacionais e Corte Interamericana de duas formas: (1) pela proteção dos direitos fundamentais e humanos por meio de mecanismos judiciais advindos das constituições da região; e (2) pela proteção interamericana dos direitos humanos sob uma espécie de duplo ângulo dos Estados-membros, desde que preenchidos os requisitos estipulados pelas respectivas cartas constitucionais, o que veremos na sequência.

Capítulo 4

*Organizações internacionais
e a soberania no século XXI*

Na evolução das relações políticas entre países da modernidade, constatamos que as organizações internacionais passaram a assumir um relevante papel nas relações internacionais. No entanto, atualmente, isso vem sendo objeto de grande debate sobre a soberania de países, especialmente em se tratando de temas de interesse da comunidade internacional, o que traz o seguinte questionamento: É possível, e em que nível, as organizações internacionais limitarem o poder soberano dos países em um contexto geopolítico de uma nova ordem global atual?

— 4.1 —
Aspectos históricos que antecedem as organizações internacionais

As relações entre países não são algo incomum desde a Idade Antiga e se tornaram crescentes com a necessidade das ligações consulares em razão de interesses comerciais e diplomáticos voltados à figura representativa do Estado, como fruto das relações entre gregos e romanos.

Assim, surgiram, na Idade Média, as conferências internacionais (Cretella Neto, 2009, p. 451-480), as quais, ao longo do tempo, foram insuficientes, especialmente em relação à qualidade dos trabalhos realizados. Desse modo, no século XIX, iniciou-se o processo de formação de organizações internacionais entre grupos não governamentais. De três séculos para cá, a atuação dessas organizações foi um grande fator agregador para a resolução de litígios (Herz; Hoffman, 2004, p. 10). Como legado da Primeira Guerra Mundial, é possível perceber que houve avanço na concepção das organizações internacionais, a exemplo da Sociedade das Nações e da Organização Internacional do Trabalho (OIT), ambas concebidas pelo Tratado de Versalhes, em 1919, e que se constituem em um marco para a superação dos limites territoriais dos Estados-membros com a finalidade de estabelecer uma cooperação internacional pela paz.

No entanto, se, por um lado, houve avanço nas relações diplomáticas para solução de controvérsias e na arbitragem interestatal, por outro, ocorreu um enfraquecimento do consenso acerca da necessidade de um arcabouço jurídico protetivo internacional e de um modelo de Estado comprometido com as demandas internacionais no que tange à pactuação acerca dos atributos da soberania, ante o poderio armamentista entre as potências da época (Aron, 2002).

Isso veio a se reconfigurar apenas na década seguinte, após a Segunda Guerra Mundial, quando houve um avanço significativo no aprimoramento da especialidade das organizações internacionais, com o estabelecimento de competências cedidas pela vontade dos Estados-membros. Logo, surgiu a necessidade de reconfiguração dos atributos da soberania estatal nos sentidos político e jurídico, o que, ainda em meados do século XX, via-se com dificuldade.

Assim, a concepção oitocentista de um Estado liberal refletida na ausência de intervenção do poder político nos negócios econômicos e de dominação ético-religiosa passou a dar lugar à concepção, em âmbito internacional, de um Estado Social e Democrático do século XX comprometido em matéria de direitos fundamentais. As políticas econômicas keynesianas (Keynes, 1978) que embasavam esse conceito de Estado já eram conhecidas desde o momento histórico do *welfare state* (1929) e, segundo Bobbio (2006), tinham função predominantemente protetora e repressiva, promovendo-se um direito cada vez mais assistencial, propiciando maior comprometimento desses países com a ratificação/adesão de tratados e convenções em matéria de direitos humanos, o que veio a impactar o conceito de soberania.

— 4.2 —

Organizações internacionais pós- -Segunda Guerra Mundial

Sob os aspectos político e jurídico, as organizações internacionais criadas no pós-guerra puderam demonstrar a intenção de um crescente processo jurídico de integração (Mello, 1997) entre os países da Europa Ocidental, o qual foi marcado por uma série de regras cogentes. Esse fato denotou um conceito de supranacionalidade como um poder resultante de diferentes forças, aliadas a fatores sociais e psicológicos, capaz de se revelar internacionalmente por força dos tratados pactuados, de modo a trazer autonomia às regras do direito internacional público.

Já sob o aspecto econômico, as relações internacionais passaram a ser necessárias, inclusive, para a manutenção das relações comerciais em âmbito internacional, em um ambiente de formação das corporações transnacionais e dos blocos econômicos regionais. Um exemplo da época é a Benelux, criada em 1944 para incentivar as economias de alguns países europeus no pós-guerras.

Se, por um lado, as políticas assistencialistas encontravam um momento favorável pelos investimentos dos grandes mercados em produtos e serviços, por outro, era imprescindível que houvesse uma integração entre mercados em prol do fortalecimento da economia mundial. Isso veio a se consolidar, pioneiramente, com a União Europeia (UE), além de outros blocos em regiões do mundo.

Nesse contexto, as **organizações internacionais** adquiriram suas respectivas competências de atuação e personalidade jurídica de ente internacional por meio de tratados internacionais celebrados – o que também se denomina *personalidade jurídica derivada* (Seintenfus, 2000). Os Estados-membros determinaram a abrangência de tais organizações conforme a competência (Vallejo, 1994), bem como os instrumentos a serem utilizados em sua atuação, com base em um novo contexto de uma sociedade internacional.

— 4.3 —
Elementos, formas de atuação e características das organizações internacionais

Três elementos estão presentes nas organizações internacionais de cooperação e de integração (Vallejo, 1994): um ato multilateral internacional; uma estrutura orgânica; e uma personalidade jurídica. O primeiro envolve rodadas de negociações e a consequente celebração de tratados; o segundo, a constituição da personalidade jurídica por prazo indeterminado, para administrar os interesses coletivos dos Estados-partes; e o terceiro, a institucionalização de uma pessoa jurídica dotada de independência em relação aos Estados-membros (Siste, 2008).

No entanto, há de se fazer a distinção entre organizações internacionais de cooperação e de integração. A primeira compreende as várias medidas para harmonizar políticas econômicas entre Estados-membros sem que haja elementos institucionais em jogo. A segunda configura um processo de união de maior avanço, com abolição de restrições de intercâmbio e da discriminação em intercâmbios comerciais (Balassa, 1972).

No que se refere aos **blocos econômicos**, quanto maior o grau de desenvolvimento da região, maior será o nível de integração entre os países, o que está condicionado a diversas conjunturas político-históricas, culturais, econômicas etc. Um bloco regional de integração implica a harmonização das práticas comerciais, com delegação de parcela significativa de soberania em favor das instituições de cunho supranacional. Esse bloco tem metas mais superficiais, menos comprometedoras, sem renúncia à grande parcela de soberania (Mercadante; Celli Junior; Araújo, 2011).

O modo de atuação das organizações internacionais revela-se por incumbências variadas, como atuação informativa, de compilação técnica etc., e não necessariamente relacionadas ao exercício de poder. No entanto, nesse último caso, há uma espécie de transferência de delegações (Bastos; Bastos, 1999) decorrentes da soberania dos Estados-membros, que passam a dotá-las de certas competências mais extensas, diferentemente das organizações intergovernamentais, que não têm o mesmo grau de liberdade e independência. Estas, assim, podem ser chamadas de *organizações de cooperação*, e aquelas, de *organizações de integração* (Vallejo, 1994).

Sobre os modelos de organizações, não há critérios de distinção bem definidos, e ambas podem assumir características semelhantes, ainda que estejam em campos de atuação diversos. No entanto, alguns afirmam que as organizações intergovernamentais têm apenas uma delegação de poderes, e que as organizações internacionais/supranacionais têm uma cessão de competências soberanas dos Estados-membros (Vallejo, 1994), ou, dada a interpretação da Carta das Nações Unidas, em seu preâmbulo, a possibilidade de novos entes estatais além do Estado soberano.

Desse modo, há características marcantes na estrutura dessas organizações, como a existência de importantes órgãos que possam decidir em favor da comunidade integrante, e não segundo interesses isolados, bem como a possibilidade de a decisão não ser condicionada a uma votação unânime, mas por maioria, no âmbito conflituoso dessas organizações (Vallejo, 1994).

Algumas organizações atuam com base em um poder normativo e de caráter informacional tão somente; outras têm o poder de regular a atividade humana e pacificar as relações em determinado setor, porque houve um consenso entre os Estados-membros. Isso se faz extremamente relevante em uma sociedade internacional e não deve ser confundido com uma reação de ignorância, mas sim de vontade e voluntariedade dos Estados-membros à produção das resoluções normativas de tais entes. O que determinará o grau de exercício de poder no sentido político e jurídico é a vontade dos Estados-membros de se submeterem a certas competências atribuídas às organizações supranacionais.

Na realidade, são poucas as organizações que apresentam uma relação hierárquica supranacional sobre os Estados-membros. A maioria das decisões se dá por meio de recomendações aos que assim optarem por adotá-las (Herz; Hoffman, 2004), o que demonstra que a capacidade de exercício de poder supranacional, não raras vezes, não saiu do papel. Esse é um grande desafio, justamente porque tais organizações lidam com uma sensível "pactuação" de atributos de soberania dos Estados.

Podemos afirmar, portanto, que as organizações internacionais devem agir com base não em normas recomendatórias, mas em atuação real, efetiva, de mecanismos que se constituam por autoridade de produção normativa e de resolução de controvérsias (Crettela Neto, 2012). Desse modo, a autoridade supraestatal de tais organizações estará incólume, ou seja, sem o perigo de uma possível fragmentação interestadual, o que ocorre somente pelos consensos expressos dos Estados-membros.

De fato, contextos políticos, sociais, econômicos e culturais demonstram uma impotência do aparato institucional das organizações internacionais vinculadas à ONU no que se refere à adoção de diretrizes e à tomada de decisões no exercício do poder delegado. Nos últimos anos, temos observado um movimento reacionário de nacionalismo antagônico, de hostilidades e de xenofobia dos Estados nacionais em busca da permanência de seus ideais, o que vem reduzindo a atuação interestadual em prol da cooperação internacional (Ventura, 2013).

Assim, no decorrer da última década, o discurso integracionista e de cooperação vem perdendo ritmo por força de interesses arbitrários e pela concentração de poder das potências hegemônicas no âmbito da OMC (Kratochwil, 1982,), pois ainda se faz presente a tese do individualismo dos governantes à frente dos Estados (Buchanan; Tullock, 1999). Isso nos permite concluir, sob uma concepção realista ou neorrealista, que as relações comerciais internacionais continuam a viver um clima de grandes tensões, conflitos e incertezas.

— 4.4 —
Desafios das organizações internacionais da atualidade: o fenômeno da pandemia de covid-19

A conquista da ordem mundial próspera, institucionalizada, rodeada por muitos atores, foi responsável pelo desenvolvimento de instituições políticas, corporações, investimentos e cadeias de produção globais, pelo consenso dos Estados-membros sobre a pactuação de atributos de soberania em prol de uma supranacionalidade, além de uma infinidade de outros processos sociais e econômicos, mas que, frisamos, não foi a causa única da globalização do século XX.

Essa concepção mundial muito eficaz não retrata, se algum dia retratou de fato, o cenário do planeta. Houve uma alteração na capacidade de cooperação (Held, 2017), o que está evidenciado no comportamento não apenas das grandes potências mundiais, mas também dos países em desenvolvimento, com o descumprimento de uma série de tratados internacionais em matéria de direitos humanos, como a saída dos Estados Unidos do Acordo de Paris durante o governo Trump.

Nesse contexto, o frágil momento de um constitucionalismo de baixo déficit democrático, ou mesmo abusivo (Tushnet) e autoritário (Landau, 2013), vivenciado no século XXI em diversos territórios, como Colômbia, Venezuela, Polônia e Hungria, demonstra um cenário político de incertezas e grandes tensões, com fenômenos como a ascensão de regimes de direita, ou de extrema direita, o que vem enfraquecendo as relações diplomáticas (Aron, 2002) e causando rompimentos de acordos e tratados, especialmente de direitos humanos. Nesse sentido, enfraquece-se uma visão universal e de supranacionalidade com novos discursos de intolerância extrema, em alusão aos tempos que marcaram os antecedentes das guerras mundiais.

Ainda é possível se afirmar – no que se refere a programas nucleares, vendas de armas pequenas, terrorismo, falência de Estados, desigualdade e pobreza globais, *deficit* da biodiversidade e da água, mudanças climáticas – que "a cooperação multilateral e transnacional é agora cada vez mais ineficaz ou desgastada" (Held, 2017, tradução nossa), o que denota o grave déficit democrático vivenciado pelos governantes em um contexto internacional, bem como a tendência ao fortalecimento de um nacionalismo autoritário e na contramão dos anseios de uma sociedade integrada em rede, em âmbito global.

Para que haja um reordenamento das relações internacionais de modo a haver maiores consensos, é necessário que organizações internacionais que compõem o sistema onusiano retomem o papel de liderança internacional alcançado após as guerras mundiais, avançando-se na implementação de compromissos celebrados desde então, com a possibilidade da pactuação de atributos da soberania – o que não se traduz em enfraquecimento da soberania dos países no âmbito internacional –, especialmente em se tratando de compromissos internacionais em matéria de direitos humanos. As democracias do final do século XX e do presente século são indissociáveis ao implemento de tais direitos em âmbitos interno e internacional, na medida em que globalização e a revolução tecnológica impõem essa nova dinâmica de uma sociedade.

A pandemia de covid-19, ocorrida em 2020 e 2021, é um exemplo paradigmático que evidencia a importância e os desafios impostos às organizações internacionais no século XXI em uma sociedade global. Como afirma Ventura (2013, p. 75), "uma opinião pública esclarecida e uma cooperação ativa da parte do público são de importância capital para o melhoramento da saúde dos povos", o que se revela essencial para assegurar a saúde, a paz dos povos e a segurança internacional.

A alegação de um suposto impasse quanto à atuação da Organização Mundial da Saúde (OMS) pôs em discussão a autoridade das resoluções expedidas pela organização e o cumprimento destas em diversos países. Relatórios apresentados pela Unesco (2020) demonstraram que, em muitas regiões vulneráveis do planeta, não houve o cumprimento das determinações da OMS, principalmente nos países em desenvolvimento, o que evidencia as fragilidades e as desigualdades, bem como a violação de uma série de direitos civis, políticos, sociais e culturais.

Portanto, essa pandemia – a maior crise mundial política, social, econômica e sanitária desde a Segunda Grande Guerra – evidenciou a necessidade da retomada do diálogo da comunidade internacional para fortalecer o papel das organizações internacionais, especialmente aquelas no âmbito geopolítico e econômico, na proteção dos direitos fundamentais e humanos. É preciso elaborar mecanismos mais efetivos quanto ao respeito e à obrigatoriedade do cumprimento dos tratados internacionais ratificados pelos Estados-membros, nas esferas regional, interestatal e universal, inclusive por meio de pactos adicionais específicos. Isso pode ser realizado com a pactuação e a cessão de alguns atributos da soberania, a fim de fortalecer os atos de integração entre organizações, sempre com o objetivo de promover a cooperação, a paz e o desenvolvimento.

— 4.5 —
Soberania interna e soberania externa

Para alguns autores, o conceito de soberania foi alterado para traduzir-se em independência do Estado e em subordinação ao direito internacional, o que não procede, já que os Estados podem abster-se de atuar no direito internacional quando assim desejarem, em virtude do poder soberano. Para outros, a modernidade implicou uma série de limitações, flexibilizações, relativizações ou perdas da extensão da soberania. Isso também não condiz com a realidade, porque a globalização não acarreta a supressão do poder soberano, já que, em certas conjunturas político-socioeconômicas, são os atos de cooperação e integração que vão fortalecer os próprios Estados-membros, ou, ainda, diante das vulnerabilidades econômicas, alguns países podem negociar atributos da soberania (Ribeiro, 2001; Accioly, 2009). Para a doutrina clássica brasileira, o conceito de soberania está condicionado aos limites de jurisdição de cada Estado, de modo que não é possível impor o cumprimento de determinadas normas a entes estatais na comunidade internacional, tampouco a alguma empresa estrangeira, sem o consentimento do soberano territorial, senão pela via da cooperação internacional (Rezek, 2008).

Alega-se que, no século XIX, cada nação afirmava independência e respeito perante as demais, assumindo três características como tipo ideal de unidade política:

1. "a participação no Estado de todos os governados";
2. "a coincidência entre a vontade política e a comunidade de cultura";
3. "a total independência do Estado nacional, com respeito ao exterior" (Aron, 2002, p. 386).

Essa visão passou a ser rejeitada atualmente pela mudança de sentimentos e de ideologia. A nação assumiu um "orgulho coletivo" como expressão de superioridade, o que vem a propiciar uma acirrada competição entre as potências.

Os atributos relativos à soberania permanecem em franca ascensão, na medida em que os Estados-membros, sobretudo as potências hegemônicas, por razões políticas, econômicas, sociais, culturais e religiosas, têm-se utilizado de um discurso nacionalista para contrariar os interesses de organizações internacionais e, até mesmo, optam por renunciar aos tratados internacionais de direitos humanos celebrados. Como indicado por Rousseau (2007, p. 97), há sempre alguém por desejar mais, pelo talento ou pela força, iniciando-se "uma nova ordem das coisas". É o que bem se aplica ainda em dias atuais.

Nessa conjuntura, com avanços e retrocessos, percebemos que a distinção entre soberania interna e soberania externa continua vigente e vem se fortalecendo no âmbito internacional de modo geral. A primeira continua a ser exercida por meio dos Poderes Executivo, Legislativo e Judiciário, traduzida no direito de autodeterminação do Estado em sua organização política, no direito de elaborar e revogar leis, no direito à jurisdição e no direito de domínio. A segunda revela-se como expressão da independência do Estado quanto ao direito de convenção, igualdade jurídica, de legação e de respeito mútuo (Mello, 1999; Guerra, 2017).

Modernamente, ainda é possível verificar, por um lado, que a visão de soberania interna é uma concepção mais radical politicamente (Bodin, 2011), no sentido de controlar as grandes massas por meio de processos autoritários. Por outro lado, sob o prisma externo, admite-se a pactuação de alguns atributos da soberania em homenagem à independência e à liberdade e igualdade entre Estados-membros, o que acarreta, em muitos casos, eventuais conflitos entre a soberania e a supranacionalidade.

Como exemplo, Russel (2014, p. 51) menciona "o poder excessivo do Estado, em parte por meio da opressão interna, mas sobretudo por meio de guerra e do temor da guerra", o que demonstra que um dos atributos inerentes à soberania vem a ser, segundo autor, "uma das causas principais da miséria no mundo moderno". Por esse motivo, seria necessária a adoção de meios para remediar esse poder imoderado, o que se revela um grande desafio para uma comunidade internacional democrática, a qual, em nome da liberdade (Guéhenno, 2003, p. 191), está fadada ao futuro incerto e restrito.

Portanto, o modelo de poder supremo dos Estados passa a fortalecer-se, novamente, no século XXI, em um ambiente de fragilidade das relações de cooperação e integração mundial, de hostilidade em relação aos países menos favorecidos, em que o cenário ideal de pactuação de atributos da soberania pelas organizações internacionais dá sinais de perder seu alcance. O momento geopolítico-econômico atual conduz à retomada de um forte liberalismo em detrimento das democracias e das liberdades, especialmente dos países do cone sul, como Brasil.

No entanto, um novo componente da sociedade, especialmente dos Estados plurinacionais, está a revelar novos anseios dos países emergentes. Na atual concepção de **Estado constitucional, democrático e de direito**, as regras desse novo pacto social das constituições principiológicas celebradas após as guerras mundiais demonstram que o Estado necessita fortalecer-se em suas bases e dar cumprimento aos novos ditames humanísticos estabelecidos pelas sociedades modernas, sobretudo nos países latino-americanos, que perseguem um maior desenvolvimento para a região, o que será objeto de análise neste livro.

Desse modo, é necessário que ocorra, nas relações internacionais, uma verdadeira pactuação relativa aos atributos da soberania em nome do crescimento e do desenvolvimento dos países, não apenas pelos mais poderosos economicamente, mas também no contexto geopolítico das regiões em desenvolvimento, o que se observa nas relações entre Estados e no raio de atuação das organizações internacionais. Discursos extremistas sobre a hegemonia do Estado-Nação, cada vez mais polarizados, têm o condão de demonstrar tão somente a ameaça institucional desses países à ordem internacional, muitas vezes em desrespeito à Declaração Universal dos Direitos Humanos (DUDH) e aos tratados e convenções internacionais de direitos humanos, algo que se quer evitar.

Capítulo 5

*Globalização e direitos humanos
no século XXI*

Para melhor compreender o fenômeno da globalização, faz-se necessário analisar a dinâmica dos importantes acordos comerciais feitos após as guerras mundiais, o multilateralismo e o regionalismo estabelecidos por meio das organizações internacionais, a celebração de acordos comerciais e seus reflexos no arcabouço jurídico protetivo relativo aos direitos humanos. A dinâmica das relações comerciais – da produção de matérias-primas pelos países em desenvolvimento ao consumo de bens e serviços no mundo – são fatores que ensejam a fragmentação relativa à proteção de tais direitos.

— 5.1 —
Globalização, acordos comerciais e multilateralismo

Há diversos conceitos e análises sobre a globalização como fenômeno decorrente da reconstrução dos países após as grandes guerras. Alguns doutrinadores apontam que, no decorrer da evolução da humanidade, foram três os processos de globalização, a exemplo do que indica Friedman (2005). O primeiro processo aconteceu entre 1492 e 1800, chamado de **globalização 1.0**, quando os Estados estavam na corrida pelo imperialismo e por recursos naturais. O segundo aconteceu no período de 1800 a 2000, denominado **globalização 2.0**, quando ocorreu o avanço desenfreado das empresas pela conquista de mercados consumidores, com a não atuação do Estado e o livre comércio.

O terceiro, de 2000 até os dias atuais, é chamado de *globalização 3.0*, período em que a sociedade internacional viu o fim do socialismo com a queda do Muro de Berlim e a revolução tecnológica da informação.

Já outros afirmam que é possível descrever cinco acepções de globalização:

1. discurso da economia e da competitividade;
2. discurso sociocrítico;
3. discurso cultural;
4. discurso da ecologia planetária;
5. em uma acepção geral, tendência que tem, mundialmente, um impacto sobre fenômenos sociais para uma consciência global de atores sociais, de modo a abranger uma pluralidade de processos sociais, com diferentes dinâmicas (Therborn, 2000).

Sob o viés sociológico, a capacidade de atuação do Estado está comprometida pela globalização das principais atividades da economia (produção e investimento), da mídia, da comunicação eletrônica e do crime. Os governos têm dificuldades em controlar esse fenômeno, fato que se agrava com a transnacionalização da produção, o que impacta a produção, o comércio e a arrecadação de receita, representando uma ameaça ao modelo de Estado de bem-estar social, um "sustentáculo" da legitimidade de atuação (Castells, 2010).

No que se refere a uma cultura global, partindo-se da premissa de uma cultura de cada Estado nacional, Featherstone

(1999) alega que não é possível a globalização da cultura. No entanto, de uma perspectiva mais ampla, o autor afirma que pode acontecer a globalização da cultura como um processo tanto transnacional como trans-social, posto que existem muitas dinâmicas de várias ordens nesse processo. Para ele, é um equívoco imaginar que uma cultura global possa comprometer a soberania dos Estados nacionais, como decorrência de uma evolução tecnológica ou algo semelhante, uma espécie de Estado mundial que produz homogeneidade e integração cultural (Featherstone, 1999).

Há quem sustente que as redes globais do século XXI são marcadas por riqueza, poder e informação (Castells, 2010), e que os Estados vêm perdendo soberania porque não estão aptos a representar as bases políticas estabelecidas em seus territórios e no cenário internacional. Isso amplia as discrepâncias entre o desenvolvimento de países manufaturados e agrícolas e propicia grandes desigualdades financeiras e aumento de pobreza, com consequências sociais como aumento da alienação, da violência etc. (Stiglitz, 2007).

Para alguns, o discurso favorável às vantagens da globalização mantém-se na ideia da abertura de fronteiras. Com isso, a transferência de novas ideias e tecnologias ao redor do mundo corrobora o crescimento da produtividade e do acesso aos bens (produtos e serviços) a custo menos elevado, estimulando a concorrência de preços, de modo a conter a inflação (Carbaugh, 2004), bem como propiciando o progresso das regiões no planeta, inclusive em matéria de direitos humanos e desenvolvimento em diversas áreas, como saúde, segurança, paz, conhecimento, liberdade, prosperidade etc. (Pinker, 2018).

Embora os críticos da globalização estejam certos em afirmar que o fenômeno impõe um conjunto de valores, isso não quer dizer que tenha de ser degradante para o meio ambiente, a saúde e a educação, que aumente as desigualdades, que enfraqueça as diversidades, tampouco que valorize interesses empresariais em detrimento da qualidade do bem comum, o que coloca em xeque o próprio conceito de desenvolvimento, tão lançado a mão por países e governos (Stiglitz, 2007).

Atualmente, o debate central não é mais a desigualdade crescente entre os países industrializados e agrícolas, uma vez que muitos países não negam mais essa evidência, mas a forma como se propõem determinadas medidas reformistas desse fenômeno. Para Stiglitz (2007), especialmente o terceiro mundo começa a ser ouvido, por isso são necessárias as mudanças que estão em jogo na economia mundial, com alguns aspectos cada vez mais evidenciados: aquecimento global, inconsistências do Banco Mundial e do Fundo Monetário Internacional (FMI), perigos do unilateralismo e modo de atuação da Organização Mundial do Comércio (OMC). Estes serão determinantes para apontar novos caminhos de uma globalização que está sendo sabidamente conduzida (Stiglitz, 2007).

De fato, todos os episódios mencionados foram determinantes para uma abertura econômica da América Latina por volta de 1980, por conta de um forte discurso neoliberal dos países avançados aliado às ideias de evolução tecnológica. Desse modo, houve a modulação das relações sociais, da natureza, dos modos de produção, de vida e de mundo (Harvey, 2011), o que, em verdade, revelou-se uma ideologia com o objetivo de propagar um novo modelo de internacionalização no continente americano para além dos Estados Unidos.

O discurso ocidental do livre mercado foi propagado na reconstitucionalização dos países eurocêntricos pós-guerras mundiais, com a adoção dos regimes democráticos e em prol da promoção e da proteção aos direitos humanos, impulsionando as relações comerciais, de maneira a intensificar-se o processo de globalização da pós-modernidade (Castells, 2010; Lafer, 2015).

Após o episódio de Bretton Woods, de 1944 – uma forma de regular a economia internacional –, observou-se o crescimento econômico de países avançados. Nesse contexto, era necessário criar uma organização internacional do comércio, o que foi vetado à época pelo congresso americano e suprido pela aprovação do Acordo Geral sobre Tarifas de Comércio (GATT, do inglês *General Agreement on Tariffs and Trade*), em 1947 (Thorstensen, 2001).

O GATT foi de enorme importância ao prever, por princípio e regra de um modelo multilateral de comércio, uma série de diretrizes como foro de negociações internacionais, como: redução e eliminação de barreiras tarifárias; abolição das práticas protecionistas; proibição de restrições quantitativas às importações; e formação das zonas de livre comércio, notadamente as de abertura regional. Assim, havia uma perspectiva político-econômica neoliberal, multilateral, favorável aos Estados Unidos, bastante otimista, propagando-se um discurso de impulso, liberalização e desregulamentação das regras de mercado, bem como a privatização e a financeirização dos mercados de atuação espontânea e a atuação de atores privados.

A reestruturação geopolítica passou a estabelecer novas associações, de modo a fortalecer parcerias comerciais para a integração e a consolidação de blocos econômicos. Segundo o Acordo Geral do GATT (art. XXIV), foram instaladas zonas livres de comércio, uniões aduaneiras, em regiões estratégicas; em um estágio avançado, foram instituídos mercados comuns, uniões econômicas, uniões monetárias; e, em último estágio, foram estabelecidas uniões políticas, a exemplo da União Europeia (UE).

No entanto, havia também uma análise constitucional ordoliberalista presente na Alemanha, na Áustria e na Suíça do pós-guerra, na qual se detectava, pela Escola da Virgínia (Buchanan; Tullock, 1999), a possibilidade de que tais dinâmicas comerciais pudessem estar eivadas de possíveis "falhas de mercado", "falhas de governança" e "falhas constitucionais" (Petersmann, 2020, p. 8), já que os governantes nem sempre fazem as melhores escolhas. Desse modo, ficaram evidenciadas as fragilidades das relações entre Estado e mercado e os possíveis impactos negativos dessa dinâmica para a comunidade internacional, especialmente para os países então subdesenvolvidos financiados pelas grandes potências.

Como reação ao crescimento do neoliberalismo após as grandes guerras, pugnava-se, no plano internacional, uma série de tratados em matéria de direitos humanos, em diversas temáticas.

Foram celebradas diversas convenções em conferências, como a de prevenção ao genocídio, em 1948, a de refugiados, em 1951 (adicionando-se o protocolo de 1967 sobre o tema), a de abolição do trabalho forçado, em 1957, entre outras (Acnur, 1951; OIT, 1959).

De um lado, havia um movimento integracionista em formação, a começar pelo bloco econômico do mercado comum europeu, conforme os princípios do Acordo Geral do GATT, criticando-se duramente o unilateralismo estadunidense. A criação e o desenvolvimento da OMC foram fundamentais para se consolidar as relações multilaterais no âmbito internacional; no entanto, ainda era necessário o estabelecimento de uma cooperação regulatória de coerência e convergência. Isso significa que a OMC buscava novas perspectivas para o comércio e o marco regulatório. Nesse contexto, com "mecanismos preferenciais, plurilaterais e multilaterais de cooperação, o papel da governança global aparece como saída imprescindível" (Thorstensen; Kotzias, 2015, p. 13).

Porém, esse caminho, somente poderá ser sustentável com a transparência dos respectivos Estados-membros e suas respectivas instituições, em um movimento de dentro para fora. Não há como o direito internacional caminhar para um futuro próspero sem consensos entre os Estados soberanos, notadamente acerca da necessidade de soluções efetivas para litígios, como as práticas de *dumping* realizadas de maneira reiterada durante as últimas décadas pela China, as quais violam as regras do acordo firmado perante a OMC, além de outras normas (Thorstensen, 2010).

Com o restabelecimento da paz mundial, tornou-se decisiva a necessidade de imprimir maior segurança jurídica às relações comerciais internacionais. Foi criada a Organização Mundial da Propriedade Intelectual (Ompi/Wipo, do inglês *World Intellectual Property Organization*) e celebrou-se a Convenção da Propriedade Intelectual, ambas em 1967. A Ompi/Wipo tornou-se uma das agências especializadas da Organização das Nações Unidas (ONU) de notória relevância até os dias atuais na proteção e na promoção da propriedade intelectual. As clássicas convenções de Paris, em 1883, e de Berna, em 1886, permanecem em vigor (Thorstensen, 2001).

Em novos cenários de uma economia em franca ascensão, o GATT acabou por não gerar a satisfação necessária ao progresso da economia, apontando-se como principal fator a necessidade de um órgão para resolução dos impasses e dos litígios que pudesse trazer soluções efetivas. Era preciso um modelo decisório (Azevêdo, 2009) dotado de capacidade que não privilegiasse apenas o interesse dos países desenvolvidos, o que gerava fragilidades e incertezas para a economia mundial naquele momento. Além disso, privilegiar as grandes potências significa aumentar as desigualdades entre os países do norte e do sul do planeta.

Em conferência com especialistas do GATT, em 1988, alertou-se sobre os impactos que poderiam advir por força de uma mudança estrutural do protecionismo estratégico para o princípio comercial de índole liberal (Rode, 2018). Desse modo, o estabelecimento de políticas industriais concorrentes aliado a uma tendência geral para o protecionismo de alta tecnologia poderiam acarretar um comércio organizado como regra e o livre comércio como uma exceção, o que é uma má previsão para o futuro das relações comerciais, a qual tem enormes repercussões nos países em matéria de desenvolvimento e direitos humanos.

Outros episódios fundamentais para o estabelecimento de uma nova ordem internacional e uma nova dinâmica comercial foram o fim da Guerra Fria, na década de 1980, a queda do Muro de Berlim, em 1990, e a desintegração das repúblicas socialistas soviéticas, no mesmo período. Esses eventos promoveram um neoliberalismo (Hayek, 1979) associado à ideia de liberdade e conhecimento e a novas oportunidades para uma economia de mercado (Stiglitz, 2007). Logo, tornaram-se necessários o aprimoramento do processo de produção e a reinvenção de produtos e serviços, o que demandou o desenvolvimento de maior tecnologia e de *know-how* e uma legislação transparente e eficiente para dar maior segurança jurídica.

Assim, na Rodada do Uruguai, a oitava e última rodada do GATT, entre 1983 e 1994, houve a concordância dos países signatários e foi aprovada a criação da OMC, bem como foi formalizado e assinado o Acordo sobre Aspectos dos Direitos de Propriedade Intelectual Relacionados ao Comércio (Acordo Trips), por força do *lobby* dos Estados Unidos, da UE e do Japão.

Desse modo, em 1995, pela força política estadunidense, foi inaugurada a OMC, organização dotada de personalidade jurídica internacional para a ratificação do Acordo Trips para todos os países-membros; a regulação das relações comerciais internacionais a fim de criar uma competitividade comercial mais saudável e segura entre os países; o estabelecimento de procedimentos administrativos e judiciais; e a criação de um forte sistema internacional de solução de controvérsias.

Para alguns autores, o Acordo Trips surgiu em contradição aos acordos firmados, pois, enquanto estes apoiavam a liberação de barreiras, a derrubada de monopólios e a eliminação de sistemas de subsídios, no Trips havia um enrijecimento de normas pela padronização de condutas e pelo fortalecimento de um monopólio, o que contribuiria para uma maior segregação entre países desenvolvidos e em desenvolvimento. Já outros especialistas sustentam que o Acordo Trips é uma razoável contrapartida aos investimentos feitos pelos países em pesquisa, inclusive servindo de proteção ao autor das invenções e ao desenvolvimento de novos estudos, gerando novas tecnologias (Basso, 2002). De qualquer forma, é unânime que o Acordo Trips veio em outro contexto de ordem econômica mundial, globalizada e consolidada com o surgimento de novas potências econômicas, como China, Índia, blocos econômicos e mercados regionais. Dessa perspectiva, concebiam-se novos desafios na macroeconomia global (Stiglitz, 2007).

Portanto, no decorrer da última década, o discurso integracionista e de cooperação vem perdendo ritmo por força de interesses arbitrários (Kratochwil, 1982, p. 29-30) e pela concentração de poder das potências hegemônicas no âmbito da OMC. Além disso, ainda está presente a tese do individualismo dos governantes, o que faz concluir, em uma concepção realista ou neorrealista, que as relações comerciais internacionais continuam a viver um clima de grandes tensões, conflitos e incertezas, o que acarreta enorme fragmentação à questão dos direitos humanos no período após as guerras mundiais.

Nesse contexto, é preciso uma maior atuação de novos atores da sociedade internacional, a fim de desenvolver-se uma integração entre práticas comerciais intergovernamentais e protetivas aos direitos humanos. Isso passou a ser objeto de análise e monitoramento do Alto Comissariado da ONU, em 2001, e uma série de análises evidenciou as tensões existentes e a necessidade de um maior desenvolvimento das práticas de modo harmônico e coerente como objetivos da OMC (Petersmann; Harrison, 2005).

Nesse contexto, o quadro jurídico para o comércio internacional é ricamente detalhado em todas as suas esferas, internacional e regional. São adotados princípios não legalmente obrigatórios, como princípios informais, declarações etc., que são projetados para promover "ordens espontâneas" (Petersmann, 2018, p. 16), a fim de impactar o comportamento individual conforme as expectativas dos agentes econômicos. Isso leva a crer que esses princípios unificam e também desintegram a ordem econômica como estrutura altamente descentralizada e complexa em que se apresenta o direito internacional econômico.

Portanto, na virada do milênio, as práticas comerciais desenvolvidas no âmbito da OMC apresentavam-se contra as ideias da propagação do multilateralismo e do comércio internacional com maior transparência e em condições de igualdade. Alguns países, por força de suas alianças tradicionais, saíram prestigiados em detrimento de outros, tornando-se um ciclo vicioso e que terminou em conflitos, tensões, guerras, crises econômicas, desastres ambientais, aumento da pobreza e exclusão humana em todos os aspectos.

As previsões não promissoras desses especialistas vêm se consolidando atualmente, na medida em que o comércio internacional vem se estruturando de maneira cada vez mais complexa e enfrentando muitas oscilações econômicas (Rode, 2018). Isso dificulta a adoção de práticas multilaterais, provoca a perda de oportunidades e ameaça economias nacionais, demonstrando uma forte relação entre Estados-membros da OMC e do mercado internacional, especialmente das potências hegemônicas sobre os demais países, o que tende a enfraquecer as condições de igualdade para o livre comércio perante a organização.

Nesse contexto em que a segregação entre países avançados e em desenvolvimento fica cada vez mais acentuada, consolidando a posição de países industrializados em detrimento daqueles que detêm o conhecimento e a tecnologia, e de países agrícolas em detrimento daqueles que produzem a matéria-prima e que se tornam mercado consumidor de produtos e serviços importados. Nesse cenário de vulnerabilidades e fragilidade, como impor um discurso protetivo aos direitos humanos se os países avançados impõem suas práticas comerciais em desrespeito às nações em desenvolvimento, colocando as pessoas à margem da dignidade e da vida?

Para que as condições de igualdade sejam aplicadas de fato, é preciso que o princípio jurídico da igualdade soberana, conferido pelo art. 2º da Carta da ONU, esteja permeado aos dinamismos do direito econômico internacional, embasado em valores como liberdade nacional e diversidade (Petersmann, 2018). As teorias da economia internacional e do direito econômico devem pressupor a eliminação das diferenças entre centenas de sistemas existentes, o que ainda soa utópico em dias atuais (Thorstensen, 2001).

Embora a cooperação internacional venha sendo mais aplicada durante a última década, isso não foi capaz de realizar uma efetiva distribuição de poder, o que vem gerando um grande descontentamento dos países emergentes, agravado por crises financeiras e pelo consequente aumento do produto interno bruto (PIB) global pelo grupo dos BRICS (agrupamento dos países: Brasil, Rússia, Índia, China e África do Sul). Isso é chamado de *multipolarização econômica* (Stuenkel, 2017), fenômeno associado aos Estados soberanos mais enrijecidos no que se refere às relações político-econômicas internacionais.

Logo, observa-se a necessidade de um Estado apto a atender uma nova realidade do século XXI, o que não significa que a ideia de Estado-nação desaparecerá, mas de compartilhar poder com outros órgãos, instituições, ou seja, com novos atores (Drucker, 2010). Por isso, é preciso fortalecer o ambiente dialético, da ponderação e da argumentação entre os Estados-membros. Assim, as organizações internacionais devem atuar nesse sentido, pois, do contrário, os países avançados economicamente se tornarão inflexíveis quanto às práticas do multilateralismo, e as premissas ficarão mais enfraquecidas em decorrência da relação de dominação e da imposição de barreiras comerciais e de marcos regulatórios isolados.

Portanto, para que a OMC possa avançar e as relações comerciais sejam mais equânimes no sentido de impedir distorções e discriminações, devem ser enfrentados, nessa seara, temas delicados relativos aos países em desenvolvimento, como trabalho infantil, trabalho escravo, diferenças salariais em razão de gênero, emissão de gases poluentes, contaminação de rios e mares, entre tantas outras temáticas de direitos humanos, e não apenas temas de interesses dos países mais avançados. Essas distorções devem ser resolvidas para que seja possível reequilibrar as regras do comércio internacional e fortalecer o sistema multilateral, promovendo o desenvolvimento dos Estados-membros no âmbito internacional (Azevêdo, 2009).

Nas últimas décadas, houve o fortalecimento dos mercados regionais, visando a uma integração cada vez mais sólida entre países e regiões. O direito da integração é o ramo do direito que passa a disciplinar essa dinâmica entre os Estados no âmbito internacional. Ademais, o fortalecimento dos blocos econômicos se apresenta como importante via para consolidar as relações comerciais, respeitando-se os princípios e as finalidades estabelecidos por força dos respectivos tratados e dos instrumentos comerciais celebrados, como reação às inconstâncias do multilateralismo e de um novo imperialismo de concepção hegemônico-financeira (Harvey, 2011).

Por essas razões, consolidar a integração por meio dos blocos econômicos se revela uma estratégica para a cooperação e a integração entre os povos que poderá, em conjunto com as práticas multilaterais, propiciar crescimento econômico aliado ao desenvolvimento. Além disso, diante da tamanha pujança econômica desses blocos, essa estratégia pode propiciar a realização de mudanças que conduzam ao fortalecimento do comércio internacional de maneira saudável e eficiente. Em resumo, talvez seja o regionalismo a ponte necessária para uma recondução a caminhos mais assertivos e equânimes na dinâmica das relações comerciais internacionais.

— 5.2 —

Direitos humanos na América Latina e no Mercado Comum do Sul (Mercosul)

As transformações da sociedade ocorrem por diversas e antigas razões históricas. No entanto, a relação entre capitalismo tradicional e capitalismo avançado, ainda que com as diferenças de seus momentos históricos, guardam semelhanças no que se refere ao fenômeno de crescimento das expulsões e aos períodos de economia em contração (Sassen, 2016), o que provocou e vem provocando grande impacto aos direitos humanos, sobretudo nos países em desenvolvimento e na América Latina. Ainda com retrocessos, é possível também perceber a implementação de novos arcabouços protetivos, os quais podem se tornar um marco para o desenvolvimento da região.

A dominação dos Estados Unidos no território latino-americano faz parte de uma política que predomina desde o século XIX até os dias atuais, com o distanciamento nos assuntos internacionais. Para alguns autores, as dificuldades dos povos latinos em assumir o protagonismo em assuntos mundiais devem ser atribuídas a alguns pontos importantes:

- A origem europeia e a tentativa de formar uma comunidade internacional baseada em regras.
- Todas as nações conhecem os hábitos do sistema internacional acerca do poderio econômico e militar. No século XX, no entanto, os Estados Unidos demonstraram uma hegemonia de modo mais agressivo, a qual era recusada pelos países latino-americanos, que não se conformavam com essa relação de superioridade.
- Uma política de dominação que foi concebida desde a independência dos Estados Unidos e que foi se consolidando no decorrer do tempo, chegando ao fim do século XIX estabelecida (Tulchin, 2016).

Ao fim da Guerra Fria, nações latino-americanas sofreram duro golpe econômico resultante de calotes de dívidas públicas. As agências internacionais, como o Fundo Monetário Internacional (FMI) e o Banco Mundial, provocaram os países devedores a adotarem sérias medidas de austeridade, o que veio a refletir fortemente nas políticas desenvolvimentistas para a América Latina, com os países obrigados a adotar políticas neoliberais que obstavam o avanço econômico da região. Isso não impediu a reação desses países contra os programas, com um relativo protagonismo pela capacidade de atuação na política e economia internacional (Tulchin, 2016).

Primeiramente, o desempenho econômico da América Latina foi considerado impressionante após as guerras mundiais, razão pela qual houve um elevado otimismo (2%), o que não se manteve nas décadas seguintes, pois, exceto Brasil, Chile, Colômbia e República Dominicana, todos os países tiveram uma redução do PIB (1,4%). Para muitos estudiosos, a década de 1980 foi considerada uma década perdida para alguns países da região (Fishlow; Cardoso, 1990).

Partindo-se da Segunda Grande Guerra, o discurso dos direitos humanos revela-se não apenas como nova oportunidade de reconstrução dos países e de criação das organizações internacionais no âmbito supranacional, mas também como um meio de reconduzir o crescimento de segmentos empresariais da indústria bélica para outros setores de produção e consumo. Daí o surgimento de empresas transnacionais responsáveis por uma nova concepção de ordem econômica e de dominação cultural e financeira, as quais passam a desempenhar importante papel nos países subdesenvolvidos (Magalhães, 2017).

No início da década de 1980, esse movimento renovou a confiança necessária à mantença do capital, pois o que estava em jogo eram os objetivos da sociedade eurocêntrica quanto à hegemonia político-cultural, em uma guerra velada entre o capitalismo e o socialismo, para que houvesse uma expansão do modelo capitalista (Lechner, 1979).

Superados a crise político-ideológica e os regimes ditatoriais na América Latina na década de 1980, passou a predominar um preocupante cenário de crises financeiras, alta inflação, desigualdades, o que levou muitos países a receberem empréstimos internacionais na década de 1990. Como consequência, tais países sofreram reformas estruturais no estilo neoliberal e, de lá para cá, embora tenha havido o restabelecimento das democracias, o mundo tem vivido um novo tipo de capitalismo, de ordem "tecnológica, organizacional e institucionalmente distinto do capitalismo clássico" (Castells, 2010), acentuando-se a distância entre dominantes e dominados.

Na década de 1990, a mudança de paradigma para a terceirização global, com produtos e serviços sendo fabricados em áreas de baixo custo de produção, a regulamentação jurídica, a ascensão do setor financeiro nas "cidades globais", dotadas de uma estrutura de mercado altamente complexa, entre outros, tornaram-se fatores determinantes à expansão das "economias materiais" e "ao aprofundamento sistêmico das relações capitalistas" (Sassen, 2016).

Com a queda do Muro de Berlim, surgiram novos desafios. Na América Latina, vieram novas questões geopolíticas, não apenas para estabelecer um protagonismo para a região, mas também para potencializar e convergir interesses das nações. Nos Estados Unidos, o desafio estava em definir um novo padrão de relações internacionais com esses países, com o advento de democracias promovidas por eleições legítimas sem a presunção da hegemonia estadunidense, o que se torna um dilema ainda nos dias atuais e um discurso contraproducente para uma consolidação geopolítica da região (Tulchin, 2016).

Desse modo, é certo que as graves e recorrentes violações aos direitos humanos estão sendo impulsionadas, em grande escala, pelo capitalismo em âmbito global (Guerra, 2019), como fenômeno que vem sendo capaz de promover impactantes alterações na realidade de dominação econômica, financeira, da informação e comunicação, do transporte etc. Nessa linha, o modelo de globalização imposto vem provocando ruptura das redes de solidariedade, conflituosidade, desagregação interna e externa, contrariando a ideia dos globalistas de uma comunidade internacional; na verdade, acaba por se constituir em um jogo de poder nas perspectivas militar, econômica e de diversos atores sociais.

As economias internacionais passaram a se relacionar de modo aprofundado com os movimentos de integração econômica e expansão industrial dos países mais avançados. No entanto, relevante observação é que as multinacionais, embora sejam interessadas no processo de integração, atuam paralelamente, ou seja, operam com outra estratégia e diferentes bases de poder, não se restringindo às finalidades que os Estados pretendem alcançar, criando uma forma independente de atuação em qualquer lugar do planeta, o que demonstra a robustez desse capital (Magalhães, 2017).

Portanto, os Estados necessitam das multinacionais para imprimir seu crescimento econômico, mas a recíproca não é verdadeira. Esse é um dos pontos centrais que exigem uma recondução da atuação dos Estados em prol de um modelo de crescimento indissociável do desenvolvimento, como resposta aos compromissos internos estabelecidos de acordo com a vontade da nação/povo. Afinal, essa é raiz da legitimação dos Estados, por isso são soberanos. Existem várias formas de capitalismo e outras formas de economia de mercado eficazes que não aquela que beneficia apenas alguns grupos, empresas e países. Por essa razão, alguns autores afirmam que a tomada de decisões nos processos políticos democráticos não deve ser centralizada em tecnocratas (Stiglitz, 2007).

A inovação de diversas profissões, que causa a eliminação de classes trabalhadoras despreparadas para o mercado, acarreta expulsão e desigualdade social (Castells, 2005). Nos países avançados, grande parte dos recursos naturais das regiões do sul, como África, América Latina e Ásia Central (Sassen, 2016), torna-se mais relevante para as pessoas que ali vivem, pois, de maneira derradeira, esses países permanecem com o *status* de países agrícolas de produção e exportação das matérias-primas no cenário internacional.

A pobreza gerada pela globalização não é apenas uma questão de escassez material ou de recursos humanos, mas também fruto do desemprego, do subemprego, da xenofobia e do racismo (Guerra, 2019). A pobreza exclui vários fatores que poderiam promover o desenvolvimento dos países do sul e também de outras partes do planeta; são aspectos de ordem civil, social, econômica, cultural, climática etc.

O surpreendente é que os mesmos países industrializados que colocam restrições econômicas aos países agrícolas no comércio internacional, que exercem hegemonia perante a OMC, que impõem uma realidade do poderio das multinacionais e do sistema financeiro e que determinam o fortalecimento de uma relação de dominação ideológica exigem dos países em desenvolvimento um padrão sistêmico na dinâmica das relações político-socioeconômicas, utilizando-se de um discurso eurocêntrico acerca do *jus cogens* como forma de reivindicar aos países dominados a não violação aos direitos humanos.

A carga axiológica valorativa em matéria de direitos humanos também se revela como uma mensagem aos países de dominação, ou seja, da convicção vencedora (Warat, 1995). Isso parece estar intimamente relacionado à temática dos direitos fundamentais e humanos nos sistemas jurídicos cujos Estados-membros ratificaram a Declaração Internacional de 1948, mais especialmente nos países do sul, dominados pelo regime capitalista global, mas também nos países do norte, dominantes, e que, de igual modo, praticam inúmeras violações a tais direitos de forma cotidiana.

Nesse sentido, a teoria do acúmulo de capital fruto da retórica política da burguesia oitocentista vem sendo repaginada em sua forma mais aguda ao redor do planeta e de modo inédito. As denominadas *formações predatórias*, marcadas pela "combinação de elites e de capacidades sistêmicas" (Sassen, 2016, p. 34), levam a uma concentração aguda e extrema de capital que acarreta enorme relação de desigualdade em percentuais nunca vistos.

Na medida em que os Estados vêm perdendo sua capacidade de arrecadação, em razão de um complexo sistema auferidor de riquezas que contribui para a evasão fiscal, por incentivos dados às empresas atrelados aos grandes déficit de endividamento público ao longo das últimas décadas (Sassen, 2016), torna-se inviável que governos venham a planejar e realizar políticas de grande escala, de modo a atender às necessidades básicas, especialmente os países em desenvolvimento, em que a contração fiscal é ainda maior.

Embora a interconexão das informações no mundo seja, por um lado, um caro tema experimentado pelas constituições democráticas e responsável pela maior revolução na história da civilização, por outro lado agrava a dependência econômica dos países latino-americanos e a falta de equilíbrio entre essas nações e os demais países, especialmente em razão da posição hegemônica dos Estados Unidos (Tulchin, 2016).

Como exemplo, podemos citar que a ciência e a cultura vêm sendo importadas dos países que detêm o conhecimento científico e tecnológico, ao passo que direitos básicos, como saúde, educação e alimentação, não são providos. Nas palavras de Castro (2003, p. 496), ocorre "o fenômeno da escassez alimentar que já abate dois terços da superpopulação do planeta", e, contra isso, "os novos exércitos são o domínio da tecnologia e do conhecimento científico", o que pode bem retratar os anseios da população mundial na atualidade.

O fato de o mundo caminhar para uma internacionalização das relações econômicas não significa que a presença do ente estatal deixará de ser relevante. As atuações interna e externa do Estado em conjunto com as organizações internacionais devem ser cada vez mais importantes para determinar o equilíbrio das relações internacionais, regular o mercado financeiro e as empresas transnacionais, desenvolver e efetivar direitos humanos nas instituições internas no século XXI, seja nos países avançados, seja, principalmente, nos países em desenvolvimento.

Segundo relatórios da Comissão Econômica para a América Latina e o Caribe (Cepal) dos anos 2018, 2019 e 2020, todos os países, inclusive aqueles da América Latina, sofrem os efeitos da globalização como consequência da abertura do comércio internacional, da inserção do capital estrangeiro e do acentuado avanço tecnológico, sobretudo o digital (Cepal, 2019, 2020b, 2021). Esses eventos provocam a redução de custos de transação e desenvolvimento de cadeias produtivas globais, pois nem todos se beneficiam igualmente da globalização, já que o desenvolvimento econômico e o crescimento do PIB não acompanham a distribuição e a renda, o que é próprio da realidade latino-americana.

Em uma perspectiva global, a exemplo da UE, é necessário que os povos possam preservar identidades de forma reinventada, para que culturas emancipatórias (Flores, 2005) não sejam extintas, preservando-se a liberdade e a autonomia do processo de pertencimento, como exercício de tolerância e de prevenção de conflitos. A diversidade somente é possível com a existência das diferenças, correspondendo à máxima expressão de liberdade (Bobbio, 2004) do ser humano na concepção de Estado democrático e de direito.

Diferentes formas de dominação e opressão também geram diferentes formas de resistência, de mobilizações coletivas, as quais, de modo muito relevante, provocam sentimentos de justiça e um movimento de globalização contra-hegemônica (Sousa Santos, 2003). Nessa chamada *sociedade em rede* (Castells, 2005), pugna-se por um poder reacionário de identidade como contraponto ao contexto de tempo e espaço da pós-modernidade.

Portanto, se é preciso dizer que se os direitos humanos devem ser revisitados e chancelados pelos Estados-membros, é porque a humanidade falhou e falha, cotidianamente, nas mais diversas regiões do planeta, seja em terras mais prósperas, seja em zonas de perigo, de violência.

Embora seja um posicionamento predominante na doutrina, discordamos da tese de se atribuir aos direitos humanos o *status* de *jus cogens* proveniente do *jus gentium*, já que não se pode atribuir o caráter de imperatividade ao direito ao que não é de consenso dos mais diversos povos, assim como de todos os Estados-membros, em âmbito universal. Assim, é preciso que tais direitos tenham outras vias efetivas eficazes de proteção.

Logo, a inversão da realidade apenas ocorre por meio de uma recondução do Estado democrático, incólume no quesito soberania. A figura do ente estatal continua a ter absoluta relevância sob os aspectos político, econômico, social e cultural para que as nações possam ser livres e desenvolver-se de acordo com os tratados e as convenções ratificados e com as respectivas constituições, ainda que sob uma concepção regional de integração econômica e jurídica. O novo pacote fiscal celebrado pelos

27 países da UE em meio à pandemia de 2020, mesmo com a saída do Reino Unido do bloco (episódio do Brexit), demonstra dois episódios extremamente importantes e variantes acerca da importância da soberania como expressão do poder dos Estados.

A retórica concepção de unidade do continente americano, a exemplo da criação da comunidade europeia, foi enfraquecida pela integração entre Estados Unidos e Canadá em detrimento dos demais países da América Latina (Almeida, 2019) e, ainda, por diversas orientações ideológicas que sucederam o pós-Segunda Grande Guerra, o que levou a uma fragilidade das relações políticas no sentido de se conceber uma união econômica.

Os mandamentos internacionais de resistência ao comunismo após as mudanças políticas e sociais decorrentes do pós-guerra tinham, por trás, grandes interesses econômicos (Bethell; Roxborough, 1996). Em virtude da frequente tensão entre as aspirações das classes trabalhadoras e a burguesia local, ou entre o modelo nacional desenvolvimentista e o modelo liberal dos Estados Unidos, houve represálias aos movimentos de esquerda, diferentemente do que ocorreu na Europa da época, onde já existiam modelos sociais democráticos.

Por outro viés, a reflexão e o pensamento doutrinário acerca dos direitos humanos na América Latina podem ser retratados não apenas como reação ao modelo liberal-conservador (Gargarella, 2013) dos Estados nacionais instituído desde o século XIX, mas como um movimento histórico e geopolítico que encontra lugar no final do século XX (Sousa Santos, 2010) e início do século XXI. Esse movimento vai muito além de um modelo *standard* eurocêntrico; o modelo dos Estados plurinacionais (Gargarella, 1997) está comprometido com a diversidade, a multiculturalidade e a pluralidade dos povos, pautado em um modelo de Estado participativo e de democracia consensual e não majoritária (Mouffe, 1999).

A doutrina afirma que a democracia plural e de conflitos cotidianos deve ser constituída para que grupos com identidades diversas possam criar condições para o diálogo e as bases de consenso, razão pela qual o confronto agonal, ou seja, decorrente da relação com o "adversário", assume enorme importância e está longe de representar um perigo à manutenção da democracia, uma vez que há a adesão a determinados valores que estruturam e legitimam as instituições representativas e que permitem a existência de conflitos e a possibilidade de escolhas reais. Portanto, para tais discussões e consensos, a liberdade parece também ser fundante e não menos importante que a democracia (Mouffe, 1999).

Desse modo, os direitos fundamentais socioeconômicos têm destaque nas constituições dos países da América Latina, o que se caracteriza como uma norma de eficácia imediata (Vieira, 2020). Isso se deve à segregação das camadas excluídas, o que ainda atualmente é alvo de discussões doutrinárias acerca dos limites estatais para o provimento de tais direitos nos países avançados e com mais força nos países em desenvolvimento, em decorrência da conjuntura econômica vivenciada na região nas últimas décadas.

Portanto, na virada do milênio, houve grande preocupação com o fortalecimento das cartas constitucionais e das instituições democráticas para os Estados das Américas, em razão da intensificação da globalização no modelo neoliberal. Paralelamente à integração entre os países da Europa, que se fortaleceu no pós-guerras mundiais e se intensificou no final do século XX e no século XXI, e com a estruturação de um constitucionalismo multinível para a região (Pernice, 2009), vem ocorrendo, paulatinamente, entre países das Américas, o fortalecimento do constitucionalismo multinível na América Latina em decorrência das peculiaridades desses povos, o que se reflete nos mais diversos níveis, políticos, sociais, econômicos, culturais etc. (Urueña, 2014, p. 19-23).

A denominada *governança multinível* teve enorme impacto na política de coesão europeia em virtude da possibilidade de um desenvolvimento integrado nas mais diversas regiões do continente, ensejando a possibilidade de pequenas localidades e municípios, as chamadas *unidades subnacionais*, de estabelecer diálogos sólidos e diretos com as instituições supranacionais, com enorme engajamento e participação no processo (Urueña, 2014).

Nesse sentido, em grau ainda mínimo, vem sendo construído um arcabouço jurídico de integração regional latino-americano, com a celebração de tratados internacionais que se resumem em três importantes documentos celebrados (Mazzuoli, 2015):

1. Protocolo de Ushuaia I, que enaltece o compromisso democrático no âmbito do Mercosul, em 1998;

2. Protocolo da Assunção sobre o Compromisso com a Proteção e Promoção de Direitos Humanos no Mercosul e a adoção da cláusula de direitos humanos, de 2005;
3. Protocolo de Ushuaia II, que contempla a hipótese de sanções no caso de rupturas democráticas, de 2011, tal como foi aconteceu com a Venezuela

Nessa linha, alguns importantes instrumentos de integração já foram regulados em matéria de direitos humanos:

- Reunião das Altas Autoridades na Área de Direitos Humanos (RAADH) concebida pela Decisão do Conselho do Mercado Comum (CMC) n. 40/04 (Mercosul, 2004), em que se deliberou a respeito dos grupos técnicos e da instituição das cláusulas democráticas nos tratados firmados pelo bloco, a fim de estabelecer a criação de "mecanismos intergovernamentais de reação a graves violações dos direitos humanos em qualquer um dos Estados-membros" (Urueña, 2014).
- Órgão subsidiário do CMC, que atua em cooperação com o Fórum de Consulta e Concertação Política (FCCP), voltado ao desenvolvimento da temática de direitos humanos

Tais órgãos intergovernamentais não têm participação comunitária integrada, o que é de suma importância para a evolução dessa estrutura comum (Garín, 2010).

Uma possível ratificação de uma carta interamericana ou carta do Mercosul, na qualidade de tratado internacional a ser assinado por todos os Estados-membros, é o ponto de inflexão que deve ser construído. No entanto, várias constituições ainda não têm a previsão do direito convencional, seja por inoperância, seja por vontade política (Buchanan Junior; Tullock, 1999), o que pode acontecer até mesmo de maneira voluntária, para que o país passe imune à responsabilização de tais atos violadores perante o sistema internacional regional americano de proteção aos direitos humanos (Urueña, 2014). Isso demonstra que a instrumentalização de um constitucionalismo multinível para a região pode, no século XXI, instituir ou ampliar o raio de proteção humanístico nacional/interestatal e internacional com a presença do ente estatal.

Também é certo que globalização e tecnologia podem conviver com as diversidades locais e com o respeito aos direitos humanos. Isso possibilita a criação de novas culturas e novos modelos de identidades nacionais, os quais não necessitam fragmentar-se (Hall, 2005) do modelo de identidade moderna e estão condicionados a uma forma de atuação estatal que possa garantir as várias concepções de vida individual e coletiva em prol da dignidade.

É notório, no século XXI, que a concorrência no mercado internacional vem sendo uma tarefa cada vez mais árdua às empresas nacionais dos países emergentes ante as grandes oscilações econômicas. A detenção da tecnologia pelos países desenvolvidos e a *expertise* empresarial das transnacionais para lidar com as adversidades do tempo e do espaço contribuem para um desenvolvimento dos Estados muito aquém do que se esperava (Castells, 2010).

Além disso, o discurso que prega uma união do continente americano continua prematuro (Frédéric, 2000), pois, enquanto não for promovido um "esforço racional e deliberado de desenvolvimento" (Prebisch, 1998, p. 453), a conjuntura estrutural neocolonial da América Latina não poderá ser reconfigurada, o que não é uma realidade apenas dessa região, mas das periferias ao redor do planeta.

Portanto, deter a tecnologia da informação e de produção significa aos Estados não apenas ocuparem uma privilegiada posição econômica, mas também terem o poder de participar das decisões deliberadas entre os países hegemônicos e que repercutirão na comunidade internacional, invertendo-se a dinâmica das relações entre dominante e dominado.

— 5.3 —
Revolução tecnológica e modelo de governança global

Um componente bastante agregador de toda discussão acerca da globalização e dos direitos humanos revela-se com a revolução tecnológica do século XXI. Para alguns autores, as mudanças impostas pela tecnologia podem ser mais importantes e impactantes do que a própria globalização, uma vez que a sociedade internacional não pode fazer muito pelo avanço da tecnologia, ao contrário da globalização, já que o sentimento protecionista dos países tem sido fortalecido nos tempos atuais.

A revolução tecnológica nada propiciará senão a mudança mais significativa de toda a humanidade, impactando as relações humanas pessoais, profissionais, jurídicas, sociais etc., o que afetará enormemente as relações internas e interestatais no contexto internacional e, portanto, demonstrará que os perfeitos consensos de um Estado ideal de Kant (1986; 2008) não se fazem possíveis nem são minimamente previsíveis.

A consolidação de uma ótica mais ampla da revolução tecnológica e da informação vem acarretando enormes transformações sociais e políticas desde o final do século XX (Hobsbawm, 2007). Como consequência, surge um paradoxo de incertezas sobre a continuidade/existência das fronteiras dos territórios diante de um novo modo de dominação exercido pelas potências hegemônicas sobre países em desenvolvimento.

A tecnologia trouxe avanços na globalização e interconectividade, ampliando a rede de comunicação e das relações jurídicas, políticas, sociais e financeiras na sociedade internacional. Alguns sustentam a tese de forças que propiciaram uma coordenação e "planificação" (Friedman, 2005) mundial, permitindo-se que países, empresas e pessoas se aproximassem de tal modo que a concorrência se tornou feroz.

A integração, fruto da interconexão entre povos e economias, tem propiciado que o mundo fique mais perto do homem e mais distante do Estado e de sua nacionalidade. O fortalecimento das organizações internacionais e das relações empresariais das multinacionais têm demonstrado o que seria um indício de declínio da figura do Estado em razão da falta de estrutura político-jurídica para atender a valores comuns que são desejáveis no âmbito local e internacional. Logo, devem ser repensadas as formas de atuação do Estado, levando-se em conta a jurisdição estatal e a atuação internacional da empresa (Magalhães, 2017).

Como já ressaltamos, a globalização trouxe para alguns uma boa jornada, com muitos frutos. No entanto, para outros, é certo que também houve desvantagens e que as restrições aos recursos da era tecnológica desafiam profundamente os pressupostos da modernidade. Um dos efeitos nefastos da globalização é a desigualdade entre os povos (Floridi, 2009).

Ademais, a inovação promovida pela tecnologia traz uma complexidade ao processo de deliberação. O mundo caminha para as especialidades e nem sempre o Estado tem agentes públicos capacitados, com o conhecimento técnico-científico necessário (Popper, 1982) para tratar e deliberar sobre a questão, por isso é essencial a abertura da discussão argumentativa. Todos os temas que envolvam desenvolvimento e sustentabilidade precisam de consensos em âmbito mundial, o que tem exigido uma grande atuação de todos os atores no processo de discussão, deliberação e normatização.

Se a globalização, por um lado, impõe determinado modo de produção pelos países industrializados, por outro, estes ficam dependentes do insumo, da matéria-prima e, portanto, dos países que os detêm. Assim, torna-se inevitável a necessidade de abertura e negociação para manter o sistema. Quando tais circunstâncias, conjunturas, ficam evidentes, maior é a possibilidade de se pensar um modelo alternativo.

A notória escassez de matérias-primas em razão da pandemia de covid-19 e a retração de mercados foram capazes de evidenciar essa questão. Na medida em que os recursos fósseis vão sendo findos, é preciso encontrar meios alternativos de produção e consumo; essa é a única certeza. Portanto, para fins de racionalização do consumo e da produção, deve existir um novo modelo de deliberação das normas reguladoras e de conformação normativa.

Nessa linha, os Estados necessitarão readequar-se a um modelo de atuação cada vez mais próximo da sociedade na tomada de decisões em âmbito global (Floridi, 2009). A velocidade e o nível de complexidade das informações técnicas, das mais diversas áreas, aliados ao mundo *"on life"*, exigirão dos Estados o fortalecimento de determinadas competências em algumas áreas de atuação; em outras, deve haver um espaço público de deliberação com a sociedade.

Não há dúvidas de que a crise no Estado ocidental e a expansão do Estado emergente estão chegando em um momento favorável, pois as novas tecnologias vão impulsionar o **processo de evolução de atuação de Estados e governos** de modo radical. Da mesma maneira que as crises levam sempre à pergunta *Para que serve o Estado?*, elas também são momentos em que o Estado tem a oportunidade de se renovar e se reinventar, já que há de se ponderar que o Estado moderno também é uma ameaça à democracia, na medida em que assume cada vez mais funções e não as implementa (Micklethwait; Wooldridge, 2015).

Ademais, a melhoria na gestão pública deve ser adstrita às questões políticas, pois a inovação traz enorme possibilidade de aprimoramento das atividades estatais e de gestão pública (Micklethwait; Wooldridge, 2015), o que não dispensa a necessidade de bons especialistas/gestores e outros fatores de melhoria de gestão. Logo, é preciso analisar profundamente toda a estrutura estatal e refletir sobre uma adequada função do Estado, de acordo com a promessa constitucional de cada país, para um povo em constante transformação.

Portanto, a revolução tecnológica de maior potencial realizada pela internet nos mais diversos segmentos, da imprensa ao varejo, e que vem sendo promovida no século XXI, demonstra que seria estranho que o Estado também não se revolucionasse, uma vez que a tecnologia retira uma de suas principais fontes de poder: o **poder da informação**.

De fato, é preciso um maior comprometimento com o modelo de gestão dos Estados e com suas falhas de atuação, principalmente a partir do momento em que o modelo de Estado capitalista ocidental ainda está em risco. Se os direitos previstos nas cartas constitucionais não são implementados pelos Estados democráticos, maiores serão as chances de uma má repercussão das atuações públicas. Basta lembrar-se da teoria da escolha pública (*public choice*) (Buchanan; Tullock, 1999) e das más escolhas feitas por Estados/governos que podem acarretar repercussões impactantes em todos os níveis.

Os efeitos perversos do modo de implementação da globalização (Sassen, 2016) nas regiões mais pobres do planeta mostram claramente que os desvios gritantes estão na concepção de um modelo neoliberal global iniciado depois das grandes guerras. Deve-se fazer a recondução do Estado a um modelo de liberalismo contemporâneo, com um olhar crítico (Verdú, 1992), especialmente em relação à garantia dos direitos fundamentais, ao pluralismo e à limitação de poder do indivíduo.

Nesse processo de modernização crescente e veloz da atualidade, afirma-se que as tecnologias da informação e comunicação afetarão profundamente a condição humana, uma vez que modificam as relações internas do homem com os outros e com o mundo. Esse novo meio de se comunicar e de se conectar acarreta, objetivamente:

- uma indefinição entre realidade e virtualidade;
- uma obscura distinção entre o homem, a máquina e a natureza;
- uma reversão da escassez para a abundância de informações;
- uma mudança de paradigma da primazia da identidade para as interações (Floridi, 2009)

Na **revolução 4.0**, é fundamental que o conhecimento possa ser compartilhado e seja voltado ao futuro coletivo para refletir valores comuns. Logo, deve-se ter uma visão compartilhada, em âmbito internacional, o que certamente impactará decisivamente as próximas gerações em todos os aspectos. Por essa razão, afirma-se ser essencial a modelagem dessa quarta revolução industrial, para garantir que seja centralizada na dignidade do humano, e não mais um fenômeno que venha a dividir e fragmentar a sociedade (Schwab, 2016).

Desse modo, na década de 1990, surgiu o termo **governança global**, o qual é diferente de *governo*, que se refere aos Estados soberanos. Governança global compreende a legitimidade de governar e relaciona-se a instituições e representações estatais e interestatais (Gonçalves, 2014), a fim de contribuir, no cenário global, com ações que possam influenciar os resultados no campo das políticas públicas, da regulação internacional ou mesmo da produção e revisão de normas, o que promove um grande impacto e uma ressignificação do direito internacional.

Para alguns autores, a governança não compreende um governo de autoridades formais e não se refere a uma instituição, mas está relacionada às atividades realizadas com objetivos comuns e que podem ou não gerar responsabilidades. Não está necessariamente alicerçada em poderes políticos para o cumprimento de metas (Rosenau, 2005). Com base nessa análise, há de se amadurecer a ideia de natureza, o escopo de atuação das governanças em âmbito global e seus limites nas respectivas soberanias estatais.

Para outros autores, uma governança revela sistemas sociais variados coordenados por atores capazes de tomar decisões políticas com absoluta relação de independência. São as instituições formais ou informais que trilham o caminho e os limites das ações desses grupos e indivíduos. No entanto, por ser um elemento da cultura ocidental, as governanças enfatizam "as trocas de mercado, mutualidade e solidariedade" (Hurrell, 2008), o que deve ser levado em conta para que haja governança sem governo e que importantes decisões possam ser deliberadas nesse espaço político.

No PNUD (2020), o termo **boa governança** traduz a ideia de transparência, de participação social ativa, levando em conta as necessidades do povo. Esse programa vem lançando uma série de iniciativas de **nova governança** aos países em desenvolvimento, que tem por finalidade a realização de trabalhos coletivos, com ampla participação de diversos atores, a fim de alcançar as metas da Agenda 2030 da ONU.

No mesmo sentido, a Carta da ONU (art. 1º) situa um direito internacional contemporâneo como *welfarist international law* (Posner, 2006), ou seja, como um direito internacional que pugna por melhores condições de vida, por uma vida digna, o que tem se desenvolvido no âmbito do Conselho Econômico e Social (Ecosoc) pelos mais diversos atores sociais, por organizações internacionais governamentais e não governamentais, por associações, por redes comerciais, pela sociedade civil e por minorias, mas que vem encontrando restrições como a heterogeneidade de preferências da população, os custos da agência e o problema da ação coletiva.

A governança é um fenômeno absolutamente plural e intrínseco à modernidade, envolvendo instituições públicas/privadas e atores, não ocorrendo em um campo específico, ou exclusivo, mas em todos os setores da sociedade, públicos e privados, em uma relação de integração e coordenação social, de modo a imprimir uma nova pauta pública. Nesse contexto, o Estado tem a finalidade de atuar nos processos de deliberação coletivos para atender às expectativas ou criar oportunidades (Bento, 2007). Portanto, a governança não está vinculada ao Estado como ente soberano, mas, em muitas circunstâncias, são utilizadas instituições governamentais para alcançar suas finalidades no mundo global, por meio da tecnologia da informação e da eficiência. Desse modo, os governos se aproveitam das boas decisões desse espaço público, o que acaba por levar países em crescimento a adotarem tais práticas sistêmicas decisórias (Vieira, 2014). Ainda há muito que se trabalhar no espaço público, entre os diversos atores aptos ao processo decisório, para que o Estado seja um mero figurante, expectador, das decisões deliberadas pela sociedade. As desigualdades, a pobreza e a exclusão cada vez maiores inviabilizam o espaço de diálogo em muitas regiões do globo (Sassen, 2016) e colocam o planeta em constante conflito, tensão, atentados e guerras, a exemplo do episódio de 11 de setembro de 2001, em Nova Iorque.

Em razão da soberania bastante marcante, os Estados ainda têm uma governança internacional mínima e preferem participar de guerras para fazer valer seus interesses, e esse é o grande diferencial político-socioeconômico que emergiu após as grandes guerras. Todavia, a interdependência entre Estados faz com que estejam conectados uns aos outros por um intenso *network* (Zacher, 2005), o que também implica uma inter-relação interestatal de regimes internacionais. Esse fato vem constrangendo, de certo modo, a soberania dos Estados-membros, o que, em dado momento, deverá ser solucionado.

Com o processo civilizatório em curso no ritmo global, faz-se necessário que o Estado atue de forma cooperativa (Häberle, 2007) no direito internacional, passando a estabelecer a pactuação acerca dos atributos de soberania (Accioly, 2009), o que não lhe retira a essência do poder soberano. Nessa dinâmica de relações internacionais provenientes de uma sociedade global em rede, importantes documentos internacionais são celebrados, exigindo-se do Estado uma atuação mútua no que tange à elaboração, à ratificação/adesão e ao cumprimento desses compromissos de alta relevância, de acordo com os interesses nacionais, em uma visão não estritamente estatal, mas agora construída com a sociedade no plano da esfera pública (Habermas, 1997).

São diversos os exemplos de cooperação internacional de grande impacto para o direito internacional. Por exemplo, os tratados internacionais celebrados na esfera pública (Arts, 2001; Trindade, 2003) demonstram que uma iniciativa cada vez mais ampla e proativa das organizações internacionais e governamentais e não governamentais, lideradas pelas comunidades científicas, por membros da sociedade civil com alta *expertise*, em conjunto com outros segmentos e instituições, e com a participação do Estado, vem atuando no processo de tomada de decisões, especialmente no que se refere a temas que afetam a humanidade. Isso vem revelando um novo modelo de governança global (Bento, 2007), caracterizado pelo fortalecimento dos acordos e tratados internacionais, com grande participação da sociedade mundial.

Capítulo 6

Proteção aos tratados internacionais e regionais em direitos humanos e aos tratados em direitos humanos no Brasil e no contexto da América Latina do século XXI

A internacionalização dos direitos humanos, a celebração de uma série de tratados internacionais fundamentados nessa temática, o fenômeno da globalização e as discrepâncias existentes no âmbito político-econômico mundial demonstram a necessidade de se resguardar esses instrumentos protetivos, não apenas sob uma perspectiva nacional, mas também regional. Logo, é preciso adotar ferramentas para tal, especialmente nos países em desenvolvimento e particularmente no Brasil, fortalecendo-se um diálogo entre cortes constitucionais, mas também no contexto latino-americano, inclusive com vistas a servir de intercâmbio com as demais cortes regionais de direitos humanos

— 6.1 —
Direitos fundamentais e direitos humanos no contexto da América Latina

A conceituação do termo *direitos humanos* não é pacífica na doutrina. Trata-se de temática que até hoje causa muitos debates. Alguns juristas consideram simplista essa discussão, entendendo que a questão é óbvia por ser inerente aos seres humanos; outros, da doutrina especializada (Sarlet, 2010), debruçam-se sobre o tema, para o qual não há definição estanque.

Afirma-se que a Declaração Universal dos Direitos Humanos (DUDH), de 1948, e a Carta das Nações Unidas, de 1945, mantêm-se tão relacionadas que os próprios órgãos das Nações

Unidas utilizam a DUDH como fonte de interpretação para diversos documentos da Organização das Nações Unidas – ONU (Trindade, 2003).

Em que pese o dissenso da doutrina, é certo que a declaração de 1948 torna-se um texto muito significativo, em âmbito internacional, para a conceituação de tais direitos. No entanto, conforme afirma a doutrina humanística, "os conceitos e definições tradicionais já não nos servem", razão pela qual o discurso sobre direitos humanos retrata, essencialmente, a "luta pela dignidade humana" (Flores, 2009, p. 27).

Nessa linha, o atual crescimento do constitucionalismo latino-americano tem muitas virtudes ao conciliar as mais diversas acepções de direitos das nações (Magalhães, 2015), o que, de certo modo, levou tempo para ocorrer na Europa, gerando forte movimento em prol do reconhecimento dessas classes excluídas. Isso foi solucionado somente depois da reconstrução dos países, após as grandes guerras, e com o processo de estruturação da atual União Europeia (UE), que vem construindo um modelo de constitucionalismo multinível.

Nesse sentido, na década de 1980, houve um constitucionalismo multicultural que buscou reconhecer um direito cultural, mais especialmente o da categoria dos **povos indígenas**, como a Convenção n. 107 da Organização Internacional do Trabalho (OIT, 1957). E, na virada no milênio, procurou-se reconhecer um constitucionalismo pluricultural embasado no reconhecimento jurídico de uma nação multiétnica, com a incorporação de direitos dos indígenas aos catálogos de direitos fundamentais constitucionais, a fim de se alcançar a pluralidade, a diversidade cultural, com a adoção conceitual dos Estados plurinacionais, a exemplo da Convenção n. 169 da OIT (1989).

Assim, com a inserção dos direitos dos povos indígenas pelas Nações Unidas e a refundação dos Estados latino-americanos, o reconhecimento de direitos foi um desafio ultrapassado, agora com a necessidade de emancipação de tais comunidades como partes integrantes do Estado, titulares de poder decisório, na medida em que são apresentadas novas conjecturas de Estado com suporte ao "bloco popular plurinacional" (Sousa Santos, 2010).

Nessa linha, por exemplo, o preâmbulo das Constituições da Colômbia (art. 1º), de 1991, e do Peru (art. 2º, n. 19), de 1993, exaltam a pluralidade. A Constituição boliviana, de 2009, cria uma estrutura denominada Estado *plurinacional*, em que são reconhecidas 36 etnias como nações, com o "direito de viver bem". A Constituição equatoriana, de 2008, em seu Capítulo 7º, reconhece os direitos da natureza, ou *Pacha Mama*, tutelando pelo ecossistema (art. 71 e seguintes), além da pluralidade e diversidade de forma ampla (art. 11). Já a Constituição brasileira de 1988, tutela o meio ambiente (art. 225). A Constituição argentina (art. 75, n. 17), com a última reforma, de 1994 (arts. 109, XI, e 233) e a do Paraguai (art. 62 e seguintes), de 1992, também reconhecem os direitos dos povos indígenas.

Há quem sustente o fim de um Estado moderno sob o argumento que a consolidação da globalização corroborou para o enfraquecimento da figura do ente estatal, com tantas atribuições e competência a serem gerenciadas (Ferrajoli, 2002). No entanto, a exemplo da UE (Urueña, 2014), no modelo interestatal, a soberania dos Estados ainda prevalece por meio de um diálogo constante com a UE, em diversos modelos, especialmente em matéria de direitos fundamentais e humanos.

Com a necessária criação de um novo modelo estatal, a soberania permanece como um poder uno, inalienável e imprescritível (Rousseau, 2007), mas com uma conjugação da concepção de atributos de soberania (Accioly, 2009) que necessitam ser "pactuados" em prol de um consenso entre grupos nacionais e entre nações nos âmbitos regional, interestatal e internacional, em razão da complexidade das relações políticas, jurídicas, econômicas, sociais etc., de modo que o poder soberano continua hígido e integrante de uma nova conjuntura e estruturação internacional, o que dará as bases das relações entre Estados nacionais para a formação de uma nova concepção de direito internacional público do século XXI.

Portanto, na virada do milênio, houve grande preocupação com o fortalecimento das cartas constitucionais e as instituições democráticas nos Estados das Américas, em razão da intensificação da globalização no modelo neoliberal.

Em 2001, foi celebrada a Carta Democrática Interamericana das Américas, que afirma, em seu art. 3°, o comprometimento dos países da Organização dos Estados Americanos (OEA) com o fortalecimento da democracia representativa, segundo a qual os respectivos governos têm o dever de promovê-la e defendê-la. As resoluções posteriores, que também foram frutos dos trabalhos da OEA – de n. 1.819/2001, n. 1.896/2002 e n. 1.926/2003 –, são claras em estabelecer padrões de conduta aos Estados-membros, com a cooperação entre Estados e sociedade civil e um diálogo voltado à execução de atividades para a proteção dos direitos humanos e, especialmente, do meio ambiente.

Paralelamente ao processo de integração da região, surgiu, em vários aspectos e níveis políticos, sociais, econômicos, culturais etc., um movimento pelo fortalecimento do constitucionalismo multinível na América Latina, nos âmbitos subnacional, nacional, supranacional e internacional (Urueña, 2014). A exemplo do modelo plural e multicultural em rede que vem fortalecendo no processo de integração da UE com maior efeito, é necessário um estudo aprofundado sobre uma necessária estruturação protetiva dos direitos humanos para a América Latina no atual século XXI.

De fato, a governança multinível teve enorme impacto na política de coesão europeia (Urueña, 2014), em razão da possibilidade de um desenvolvimento integrado das mais diversas regiões do continente, ensejando a possiblidade de as pequenas localidades e os municípios, também denominados *unidades subnacionais*, promoverem diálogos sólidos e diretos com as instituições supranacionais. Houve, no contexto europeu, enorme engajamento e participação popular, o que dimensiona a importância de uma nova reconfiguração do ente estatal sem uma renúncia ao poder soberano em si, já que os povos europeus, por diversas razões, demonstram uma necessidade de guardar suas individualidades.

A doutrina aponta que o grande entrave para o desenvolvimento dos direitos humanos na integração internacional e latino-americana é que as discussões são rasas, alegando-se ser uma questão prematura para uma região ainda em desenvolvimento. O debate restringe-se a dois pontos não relevantes: o primeiro, ao duelo do monismo *versus* dualismo, e o segundo, a uma visão kelseniana piramidal acerca da estruturação do arcabouço jurídico – infraconstitucional, supralegal ou constitucional – e em seus reflexos, fragilizando-se o discurso protetivo em direitos humanos na América Latina (Urueña, 2014).

Há muitas perspectivas para o desenvolvimento do constitucionalismo latino-americano, no entanto, é necessário maior desenvolvimento de uma teoria crítica para que se possa avançar em prol de um direito comum para a região. Nesse sentido, afirma-se uma concepção de um *ius constitutionale commune* na América Latina, ou seja, é preciso construir um constitucionalismo em rede, especialmente com maior integração do Brasil, a fim de que sejam desenvolvidas importantes estratégias de avanço em temas como direitos fundamentais, democracia e Estado de direito (Mello, 2019). Portanto, um *ius commune*, certamente, pode ser um embrião para um constitucionalismo multinível para a região, *prima facie*, envolvendo a temática dos direitos humanos.

Algumas reformas constitucionais no Ocidente têm sido desenvolvidas para promover uma dinâmica por "respostas mais conversacionais" de um constitucionalismo dialógico (Gargarella,

2016). Essa ideia promove uma mudança nos princípios democráticos das constituições dos países latino-americanos, as quais se desprendem da teoria do *check and balance*. Desse modo, talvez seja possível abrir espaço para um constitucionalismo multinível ou um *ius commune* para a América Latina.

Logo, podemos afirmar que são relevantes os reflexos de uma integração nacional de um direito internacional e de uma estruturação normativa de um constitucionalismo multinível para a América Latina. Esses eventos podem ter como consequência:

- A transformação dos movimentos sociais para uma nova dimensão territorial, com o cuidado para que não se tornem elitistas de causas específicas e, assim, afastar outras temáticas importantes.
- Maior atuação e fortalecimento do Judiciário dos Estados nacionais, de modo a promover a redistribuição do poder soberano – o que já ocorre no Brasil. É uma questão de escolha política.
- Certa burocratização da emancipação dos direitos humanos, pois as decisões políticas nacionais passam a ser também analisadas por autoridades internacionais – muitas vezes, são casos difíceis de análise em virtude da escassez de recursos para a região.

Portanto, surge como um atual desafio a escolha de um modelo de constitucionalismo para a região: um constitucionalismo global, com uma limitação de poder das instituições locais, ou um pluralismo interamericano, em que não haveria supremacia/hierarquia dos sistemas nacionais. Esse é um grande propósito a ser implementado para as próximas gerações (Urueña, 2014, p. 31-40).

— 6.2 —
Direitos fundamentais e humanos no Estado democrático brasileiro após 1988

No Brasil, em razão das inconstâncias que marcaram o constitucionalismo brasileiro em meio aos golpes militares do século XX, após a redemocratização do país, observa-se que o catálogo de direitos fundamentais e humanos estabelecidos na Carta Magna de 1988 acena para um sentimento constitucional (Verdú, 2004) que parecia internalizado pela nação depois de um longo período de regime ditatorial e que, então, passou a dar suporte ao Estado de direito.

Alguns sustentam que o termo *liberdades* pode ser compreendido concomitantemente como uma "finalidade em si mesma e como o principal significado do desenvolvimento", relacionando-se com o estado de vida humana e com o "instrumental em relação ao desenvolvimento" (Piovesan, 2016).

Décadas se passaram e o legislador constituinte passou a entender como necessária a difusão dos discursos contidos nos documentos internacionais de direitos humanos no Brasil. Sob as luzes da DUDH, de 1948, foi promulgada a Constituição Federal

(CF) de 1988 (Brasil, 1988), que, em seu art. 5°, estampa um novo modelo escolhido pelo legislador constituinte originário brasileiro, especialmente no que se refere a uma nova concepção estatal e à consagração de direitos fundamentais e humanos.

Pela primeira vez, os direitos civis e políticos e os direitos sociais – direitos de primeira e de segunda dimensão, respectivamente – foram consignados simultaneamente e com tanta densidade. Daí a expressão *Constituição cidadã*, que pugnou um ideal à sua efetividade como manifestação e anseio do Poder Constituinte. Além disso, direitos fundamentais e humanos de outras dimensões foram internalizados na Constituição de 1988, como os direitos de terceira (desenvolvimento, meio ambiente, solidariedade, autodeterminação dos povos, propriedade, transindivíduos etc.) e de quarta dimensão (democracia, patrimônio genético etc.) (Sen, 1999).

Portanto, foi concebida uma constituição paradigmática, axiológica, aberta, comprometida com valores fundamentais e humanos, possibilitando diversas concepções do texto constitucional por seus intérpretes, com a missão de torná-la uma "constituição viva" (Häberle, 1998, p. 46), dotada de uma força ativa (Hesse, 1991), a exemplo das constituições democráticas elaboradas na época.

A Constituição de 1988 foi inovadora ao estabelecer e propagar uma nova concepção de direitos humanos no Brasil (Piovesan, 2000), os quais foram incorporados ao ordenamento jurídico interno por meio de uma série instrumentos protetivos relativos a diversas temáticas em direitos humanos. Na nova ordem constitucional, elevou-se a dignidade da condição humana, o *status* da força matriz do comando normativo e a garantia do conteúdo essencial aos direitos fundamentais (Novais, 2016), no entanto, tal princípio/regra pode ser passível de ponderação/ relativização (Alexy, 2015).

No final do século XX, a Carta brasileira de 1988 passou a ser encarada como um entrave, um componente embaraçador ao discurso da globalização do mercado (Bandeira de Mello, 2014), como aconteceu na América Latina. O neocolonialismo ressurgiu embasado em campanhas internacionais publicitárias de alto impacto, voltadas, exclusivamente, aos países subdesenvolvidos, com o objetivo fundante de ressuscitar o liberalismo, o que colocaria fim ao "Estado providência". Nesse momento, a vontade do constituinte originário brasileiro passou a estar ressignificada, desconfigurando-se do propósito originário de 1988, alterando-se, nas décadas seguintes, a relação entre o constitucionalismo e uma democracia dotada de concepção comunitária (Dworkin, 1995) – aqui, objetivamente, com o sentido de senso comum, mas atrelada aos limites da soberania popular.

Se, por um lado, a democracia tornava-se comprometida com os direitos fundamentais, por outro, o constitucionalismo estava atrelado à regulação das liberdades, a fim de que todos pudessem viver em sociedade de maneira pacífica. Se a democracia presume o exercício de cidadania e a fruição de direitos essenciais para manter-se viva, renovada, reinventada, com os frequentes dissensos decorrentes de uma sociedade plural, é preciso garantir liberdade e igualdade, mas também a segurança jurídica, por isso são essenciais o consenso e a estabilidade social (Chueiri, 2008).

No final da década de 1990, o fenômeno da constitucionalização do direito pátrio foi o pontapé inicial para a alteração da sistemática jurídica brasileira, que se reconfigurou segundo um novo arcabouço jurídico embasado na força normativa e na eficácia irradiante (Hesse, 1991) das normas da Constituição de 1988.

No entanto, a lesão aos direitos fundamentais e humanos previstos no catálogo é cotidiana, o que acaba por desaguar no Judiciário brasileiro. Constatou-se um congestionamento da máquina estatal na virada do milênio. Chega a ser impossível um "constitucionalismo apaziguado" (Chueiri, 2005, p. 161), eis que permanecem, de modo perene, constante, a tensão e o conflito inerentes à democracia, aos retrocessos e aos avanços (Mouffe, 1992). O elemento capaz de redefinir essa relação de dominação, agora situada na cooperação e no consenso presentes nas deliberações políticas estatais, permeará a sociedade do século XXI. Logo, o soberano necessita se reinventar ante o poderio econômico e os reclames e anseios versáteis dessa sociedade mutável, o que jamais poderia imaginar-se na figura de um Estado oitocentista.

Quanto aos direitos de primeira dimensão, percebemos que a realidade brasileira envolve tortura, tratamento degradante, regime análogo à escravidão, racismo, homofobia, feminicídio, restrição à liberdade de religião, restrição à privacidade e à intimidade, desrespeito à integridade física e moral, estupro e abuso sexual de vulneráveis, chacinas, execuções sumárias, restrições à liberdade de pensamento, de manifestação, de religião e de locomoção, violações a garantias processuais, entre tantas outras violações aos direitos fundamentais e humanos, e que, não raro, sequer são devidamente acompanhadas pelo poder local. Nesses casos, é decisivo o perfil socioeconômico da vítima para que tais fatos possam ter algum resultado satisfatório perante o Judiciário.

Sobre os direitos sociais, ou prestacionais, merece destaque a observação às denominadas *salas de máquinas* das constituições latino-americanas (Gargarella; Pádua; Guedes, 2016), que consagram direitos fundamentais e humanos sem, no entanto, estabelecer uma operacionalidade organizacional vertical para efetivação dessas novas perspectivas sociais catalogadas. Desse modo, fica mantida a estrutura arquitetada pela velha elite do século XIX. No Brasil, por um lado, há uma carta constitucional democraticamente comprometida com seus ideais, mas, por outro, ocorre a não efetivação de tais direitos em decorrência da omissão da maioria, incumbindo ao "salvador" Judiciário a reparação de tais violações.

Com o fenômeno da virada jurisprudencial (Canotilho, 2003) em âmbito mundial, alguns autores afirmam que, a depender das circunstâncias, "o Judiciário poderá e deverá intervir", desde que não seja uma objeção "excessivamente invasiva a outros poderes" (Barroso, 2008, p. 891), o que evidencia as mazelas do Executivo e do Legislativo. As normas infraconstitucionais, muitas vezes, poderiam pacificar omissões do Poder Público, solucionar conflitos e, ainda, promover o crescimento da atuação do Judiciário, especialmente em matéria de direitos sociais.

Todavia, outros afirmam que talvez o Judiciário possa assumir papel mais modesto no reconhecimento de direitos (Clève; Lorenzetto, 2016). Isso deveria acontecer sob a esfera de atuação dos demais poderes, porque estes estão mais próximos da realidade e detêm mais legitimidade democrática, especialmente nos direitos sociais em relação ao Executivo. Nesse contexto, ambas as posições são relevantes e não conflitantes no que se refere à judicialização da política e ao ativismo judicial para os direitos sociais.

É importante também consignar a notória relevância dos direitos humanos de terceira geração/dimensão, relativos a solidariedade, desenvolvimento, meio ambiente, autodeterminação entre os povos etc., preconizados na Constituição de 1988 e que vão trazer novas promoções de direito para além do indivíduo, como os direitos à educação, à ciência e tecnologia e à cultura, basilares ao desenvolvimento. No que se refere ao direito ao desenvolvimento, definido no preâmbulo da Constituição brasileira e consubstanciado no art. 3º, inciso II, do documento como um dos objetivos fundamentais da República, afirma-se que "o desenvolvimento, necessariamente pressupõe trabalho, fator que, consoante o art. 6º da Constituição, assume a natureza de direito social" (Blanchet, 2016, p. 193), de modo que possa haver um crescimento do público e do privado como forma de desenvolvimento e sustentabilidade.

Há uma distinção entre crescimento econômico e desenvolvimento, na medida em que esse último se revela muito mais amplo. Afirma Sen (1999, p. 29) que "o desenvolvimento tem de estar relacionado sobretudo com a melhora de vida que levamos e das liberdades que desfrutamos". Sobre um modelo mais amplo de crescimento econômico, Sachs (2008, p. 319) alega ser "uma condição necessária, mas de forma alguma suficiente, englobando as dimensões, ética, política, social, ecológica, econômica, cultural e territorial, todas elas sistematicamente inter-relacionadas e formando um todo", para o pleno exercício das "liberdades substantivas" (Sen, 1999, p. 53).

Com relação ao meio ambiente, embora o Brasil seja membro de todas as conferências e todos os compromissos celebrados na seara internacional, o país vem ganhando as atenções em virtude das reiteradas queimadas em florestas consideradas patrimônio mundial, bem como da poluição de seus mares e rios. Por esse motivo, são imprescindíveis uma maior proteção das reservas naturais do território nacional e o estabelecimento de uma consolidada matriz energética sustentável, em que os meios ambiental e socioeconômico possam ser compatibilizados com as políticas públicas (Bravo, 2016).

Do mesmo modo, programas e atos administrativos relativos ao saneamento básico, ao tratamento de resíduos, à preservação do ambiente e da diversidade ecológica das reservas naturais do Brasil impactam positivamente no efeito causado pela emissão de gases tóxicos, principalmente nas regiões mais pobres e com maior matança de animais silvestres e de queimadas, o que não exclui o território dos centros urbanos.

Quanto aos marcos regulatórios e às respectivas agências, é necessário um modelo de gestão capaz de gerar aumento de *performance* dos agentes públicos, visto que há uma "sedimentação institucional". Esse modelo deve promover o compartilhamento da *expertise* de profissionais qualificados como auxílio ao processo decisório governamental, o que, certamente, agregaria maior responsabilidade técnica nas tomadas de decisões quanto a temas cruciais para a sociedade, em serviços considerados vitais ao ser humano (Cunha; Goellner, 2020).

Também é igualmente necessário um Judiciário atento e sensível às demandas coletivas, ou mesmo àquelas propostas por associações, entidades, Ministério Público, Defensorias e Advocacia Pública (Freitas, 2008), com a formação necessária ao julgamento de causas de tamanha relevância e repercussão e com a celeridade que se impõe. Esse aspecto reforça, inclusive, a possibilidade do instituto da arbitragem como meio bastante eficaz no tratamento de questões preventivas, o que não exclui a apreciação do Judiciário das demandas ambientais (Freitas; Colombo, 2017).

Portanto, no século XXI, há um paradoxo no Brasil. Se, por um lado, um fenômeno em prol da efetividade das normas constitucionais (Barroso, 2006) ganha cena por consectário da imperatividade do arcabouço legal e principiológico (Alexy, 1997), por outro, os traços de uma economia neoliberal, com baixa regulação de agentes, privatizações, acúmulo de capital pelas transnacionais, aumento da riqueza pelas elites, evasão fiscal, massificação, fragmentação de direitos essenciais etc., demonstram que a cultura neoliberal passa a ganhar maior peso nessa nova conjuntura político-socioeconômica, fortalecendo a dominação e a violação aos direitos fundamentais e humanos, o que refletiu, inevitavelmente, também no Brasil.

A exemplo da América Latina, a fragilidade do arcabouço jurídico apresentado na Constituição de 1988 passou a ser objeto de inúmeras emendas constitucionais inconstitucionais (Lima; Beçak, 2016, p. 22), que contribuem para afetar inúmeros direitos fundamentais de diversas gerações, sobretudo os direitos fundamentais de segunda dimensão, como aconteceu nas reformas trabalhista e tributária. Isso denota que a vontade de Poder Constituinte derivado vem se desfigurando no contexto brasileiro das últimas décadas.

Desse modo, é preciso que o Estado de direito dê respostas mais enérgicas às desigualdades, para que não seja "corroída" a integridade das instituições jurídicas (Alexy, 2011a), especialmente na América Latina. O reiterado descompromisso do Estado brasileiro com a Constituição de 1988 e com os tratados celebrados vem acarretando **dezenas de decisões condenatórias perante a Corte Interamericana de Direitos Humanos (Corte IDH)** sobre as mais diversas temáticas. Essas condenações mostram que os direitos humanos necessitam ser tutelados e promovidos e que, ao revés do que vem sendo detectado por órgãos regionais e internacionais, existem graves violações a esses direitos no âmbito individual e coletivo em decorrência da inércia do ente estatal. A partir de agora, analisaremos brevemente alguns julgados em que o Brasil foi condenado perante a Corte.

- O primeiro caso, **Estado brasileiro *versus* Brasil Fazenda Verde (2016)**, refere-se ao trabalho escravo de 128 vítimas. A indenização foi estipulada em R$ 5 milhões a todas as famílias envolvidas, como compensação pelas violações ocorridas nas localidades do sul do Pará entre 1997 e 2000. O caso tem mais de 300 trabalhadores envolvidos e 2 jovens desaparecidos (CIDH, 2016).
- O segundo caso envolve **Estado brasileiro *versus* Favela Nova Brasília (2017)**, em decorrência de execuções sumárias de 26 pessoas pela Polícia Civil carioca entre outubro de 1994 e maio de 1995, além da tortura e do estupro de 3 adolescentes e do abuso de autoridade. O Estado brasileiro foi condenado a pagar a quantia aproximada de 2,5 milhões de dólares para todas as famílias, além de outras sanções determinadas pela Corte (CIDH, 2017).
- O terceiro caso abrange **Estado brasileiro *versus* Povo Indígena de Xucuru (2017)** e relaciona-se a centenas de invasões, interferências e danos ocorridos em territórios indígenas de Pernambuco e, ainda, ao homicídio de 4 pessoas na década de 1990. O Brasil foi condenado a pagar o valor aproximado de R$ 5 milhões por danos imateriais de ordem coletiva, indenização que foi revertida para um Fundo Comunitário, além das medidas de reintegração e de demarcação das terras indígenas (CIDH, 2018).

Os casos descritos evidenciam que o Brasil, em caráter subsidiário, vem sendo acionado e condenado de modo mais recorrente por violações a direitos humanos pelos órgãos internacionais. Desse modo, é preciso que o Estado brasileiro assuma um compromisso efetivo com as promessas da Constituição de 1988, bem como com os tratados internacionais em matéria de direitos humanos que tenha incorporado ao seu ordenamento jurídico.

É nesse embate entre consensos e conflitos (Mouffe, 1992), nos retrocessos e avanços e nas deliberações que a jurisdição constitucional democrática se apresenta como uma atuação "comprometida com a democracia, na garantia das condições processuais para o exercício da cidadania" (Souza Cruz, 2008, p. 237), o que deve ser assegurado pela jurisdição brasileira, a qual, por sua vez, precisa estar apta a reconhecer novos direitos que promovem novas emancipações aos indivíduos.

Há quem sustente não ser possível desenvolver uma teoria constitucional universal, pois, assim, seriam desconsideradas as realidades sociais, econômicas e políticas internas, além das diferenças culturais decorrentes do processo de evolução histórica. Parece ser mais acertado o entendimento de que o constitucionalismo democrático necessita ser emancipador, não havendo como ser antiplural. Logo, existem, sim, situações para as quais o texto constitucional não tem respostas, portanto, as respostas difíceis devem ser construídas no espaço público (Souza Cruz, 2008).

Para a doutrina, os pontos relevantes são a especificidade do direito contemporâneo e sua funcionalidade, de modo a articulá-los em todos os níveis, o que se traduz em grande oportunidade de avanço histórico do saber de acordo com a sempre inovadora *práxis* (Clève, 2011). O exercício da esfera pública pelos cidadãos se revela um elemento absolutamente enriquecedor às ciências jurídicas, especialmente na Corte Constitucional brasileira, que tem por missão estabelecer uma unidade ao direito (Marinoni, 2020, p. 123-125).

— 6.3 —
O Brasil e a Emenda Constitucional n. 45/2004: uma homenagem aos tratados internacionais em matéria de direitos humanos

Afirma a doutrina (Piovesan, 2012) que o legado das ditaduras propiciou ao Supremo Tribunal Federal (STF) uma atividade jurisprudencial essencialmente privatista. Desse modo, não existiu uma "justiça de transição" ao ponto de realizar profundas mudanças na forma de atuação da corte, tal como ocorreu com a Corte da Colômbia no contexto da América Latina.

De fato, com a redemocratização, os efeitos da globalização nos países em desenvolvimento (Fishlow; Cardoso, 1990), a subsequente judicialização no Brasil na virada do milênio e o assoberbamento das atividades do Judiciário tornaram-se inviáveis à conformação das ondas renovatórias do acesso à justiça (Cappelletti; Garth, 1981). A Corte Constitucional acabou por assumir uma postura reativa recursal, realidade institucional que somente foi alterada após Emenda Constitucional n. 45, de 30 de dezembro de 2004 (Brasil, 2004), a qual trouxe um novo comprometimento do país com os direitos fundamentais na órbita internacional.

A dignidade da índole emancipatória que propicia o exercício das liberdades foi concebida na DUDH, de 1948. A dignidade vem a ser mais do que um direito ou uma garantia fundamental; trata-se de uma norma/um princípio que serve de base para todo o ordenamento jurídico pátrio e para a celebração de tratados internacionais em matéria humanística, a fim de nortear as condutas dos agentes públicos e sociais, e, ainda, como fundamento para concepções culturais, sociais, étnicas, filosóficas, religiosas, políticas e jurídicas que decorrem da pluralidade das nações.

Com a redemocratização no Brasil e o advento da Constituição de 1988, houve a adesão do país a diversos tratados internacionais:

- Pacto de São José da Costa Rica, de 1992.
- Pacto Internacional de Direitos Civis e Políticos, de 1992.
- Pacto de Direitos Econômicos, Sociais e Culturais, de 1992.
- Pacto de San Salvador, de 1999.

Além desses, outros foram celebrados no âmbito da ONU e da OEA, exaltando-se o que se denominou *jurisdicização* dos direitos humanos. Com a Constituição de 1988, o controle de constitucionalidade difuso passou a ser permitido no ordenamento jurídico brasileiro, mas permaneceu intocável quanto à sua operacionalidade, como um enigma.

Assim, uma gama de tratados em matéria de direitos humanos foi incorporada ao direito pátrio, propiciando um grandioso arcabouço normativo cogente dotado de imperatividade, mas isso, no entanto, não garantiu sua aplicabilidade. Décadas depois, esses instrumentos protetivos não vêm sendo manejados como esperado, e a reiterada violação aos direitos humanos depõe contra eles. Por isso, é necessário o fortalecimento dos mecanismos processuais, como o controle de convencionalidade, a fim de proteger, garantir e promover o arcabouço jurídico presente no ordenamento brasileiro, fruto da conquista humana.

No Brasil, o processo de emancipação da sociedade não tem sido diferente do restante da América Latina. É marcado por um forte processo de dominação ante a imposição de um modelo de globalização neoliberal e que vem fragilizando a promoção de direitos. Como reação a esses movimentos político-socioeconômicos, é preciso reascender o comando da Carta Constitucional de 1988 e dos tratados de direitos humanos ratificados, com vistas a torná-los uma conquista efetiva.

No início do século XXI, o fenômeno da litigiosidade estava em seu ápice no Brasil, com a globalização e o processo de massificação das relações jurídicas. Chegou o momento de analisar se o direito de ação e a ordem jurídica justa contemplados na Constituição de 1988, e a que se propôs o constituinte originário, está correspondendo ao anseio da sociedade brasileira e, ainda, quais mecanismos estão aptos a reordenar as missões atribuídas ao Judiciário no Estado constitucional e de direito. Além disso, o assoberbamento do aparelhamento do Judiciário chegou ao seu nível máximo na virada do milênio, em que se pugna por uma nova forma de atuação judicial para atender às mais diversas acepções de dignidade humana.

Nesse contexto, a Emenda Constitucional n. 45/2004 foi um **divisor de águas** na história do Poder Judiciário brasileiro em diversos aspectos. De um lado, além da adoção de diversos mecanismos de proteção, exalta a importância dos compromissos celebrados na temática dos direitos fundamentais e humanos, os quais passam a galgar o *status* de normas constitucionais, por consectário de um Estado democrático e de direito atento às necessidades de efetivação de direitos aptos a trazer dignidade humana.

Essa emenda trouxe inovadores instrumentos da *common law*, de modo a imprimir maior eficiência ao sistema judiciário assoberbado com a litigiosidade crescente (Marinoni, 2020). Essa linha de pensamento de aproximação da *civil law* e da *common law*, aliada à adoção de técnicas de precedentes, farão presente a necessária motivação das decisões judiciais que decorre do Estado Constitucional.

Ademais, reconduziu o papel do STF, destacando-se a homenagem e a obediência aos tratados internacionais de direitos humanos internalizados, que passaram a ser alvo do **controle concentrado de convencionalidade**. O **controle difuso** já era passível de ocorrência desde o advento da Constituição de 1988 (Marinoni, 2013), embora desconhecido pela comunidade acadêmica e pelos tribunais nacionais.

O art. 5º, inciso LXXVIII, da Constituição de 1988 coloca a duração razoável do processo. Para alguns autores, seria "uma norma simplesmente de caráter programático" (Barbosa Moreira, 2006, p. 33) que busca a celeridade processual – tal dispositivo já foi previsto na Convenção Americana de Direitos Humanos (CADH – art. 8º, 1) – e em prazo razoável que permita a prestação jurisdicional a todos os signatários. O Brasil aderiu à convenção em 1992, tornando-o obrigatório, cogente em território nacional, o que, a exemplo de outros tratados internacionais, vem merecendo desatenção do Estado brasileiro.

A celeridade e a efetividade (art. 5º, XXXV e LXXVIII, CF) são um fundamento da ordem processualística que deve alinhar-se à duração razoável do processo como corolário da isonomia na acepção mais ampla (Clève, 2014), especialmente no âmbito dos tribunais superiores, em que a espera pela resolução final do litígio se prolonga por anos. Deve ser atribuída ao Estado a responsabilidade objetiva por inércia e omissão do Judiciário (Bandeira de Mello, 2014) no âmbito dos tribunais nacionais e internacionais, conforme jurisprudência assentada da Corte Interamericana.

O que todo cidadão necessita, sem dúvida, é uma resposta do Estado às demandas que decorrem do Estado Constitucional, nem mais, nem menos. Essa é uma tutela efetiva, ou seja, palpável, concreta, apta a atender a um direito ínsito em sua esfera subjetiva por decorrência do plano normativo interno. Afinal, as leis são elaboradas para não apenas regular, mas também para atender e emancipar o indivíduo na coletividade. É sob o enfoque da efetividade do direito que ocorre "uma passagem do **constitucionalismo da efetividade**" para um atual "**constitucionalismo emancipatório**" (Clève, 2014, p. 353, grifo nosso).

Também nessa linha e com esses objetivos foi o intento da criação e da implementação do **Conselho Nacional de Justiça (CNJ)**, que hoje tem função relevantíssima na administração dos interesses da justiça, de modo a atender aos anseios da sociedade. Com a missão de trazer transparência, eficiência e controle aos trabalhos do sistema judiciário brasileiro, o CNJ tem exercido um papel notório ao desenvolver políticas judiciárias que possam promover a unidade do Poder Judiciário, orientado pelos valores de justiça e paz social, objetivando, para o futuro, um planejamento estratégico de governança e gestão judiciária que impulsione a celeridade e a efetividade da justiça brasileira, inclusive promovendo a adesão à Agenda 2030 da ONU.

De igual modo, o **incidente de deslocamento de competência (IDC)**, previsto no art. 109, inciso V-A, parágrafo 5º, da Constituição de 1988, é um importante mecanismo que conduz à obediência aos tratados internacionais de direitos humanos celebrados pelo Brasil, mas também ao enaltecimento da soberania do Estado Brasileiro em dirimir, internamente, casos relativos às violações de direitos humanos, o que aumenta a responsabilidade das instâncias federais pelas graves violações (Piovesan, 2016).

No entanto, a ferramenta do IDC vem sendo pouco utilizada no Brasil, o que tem contribuído para que a Corte IDH também venha atuando em tais casos, relativizando-se, desse modo, o princípio da reserva de jurisdição preconizado pela Carta da ONU (art. 2º, § 7º). Esse princípio determina, por força da soberania dos Estados-membros, que as cortes regionais de direitos humanos possam apreciar e julgar somente os casos em que houve o esgotamento da jurisdição interna pelos países.

A adoção das **súmulas vinculantes** foi outro tema de relevância na Emenda Constitucional n. 45/2004, que instituiu essa possibilidade no art. 103, alínea "a", no âmbito do STF. Isso teve impacto positivo na resolução de conflitos já pacificados a respeito da controvérsia de tema (Tavares, 2005) para todos os órgãos da Administração Pública e do Poder Judiciário, trazendo eficiência, economia e celeridade aos trabalhos da Corte Constitucional brasileira. Nesse sentido, não é razoável o argumento da violação à separação de poderes, eis que a possibilidade é proveniente do constituinte derivado.

Já a **submissão do Brasil ao Tribunal Penal Internacional (TPI)**, nos termos do art. 5º, parágrafo 4º, da Constituição de 1988, também revela, igualmente, o respeito aos tratados internacionais em direitos humanos, bem como às Cortes internacionais de direitos humanos, atuando como tribunal complementar e em caráter subsidiário, também fundado nos ditames da Carta da ONU (art. 2, § 7º). Essa decisão representa um avanço civilizatório por decorrência do *responsability to protect* (Piovesan, 2016), proveniente do dever de intervenção internacional em caso de graves violações a direitos.

No entanto, muitos países ainda não se submeteram ao TPI, tampouco ratificaram o Estatuto de Roma, entre eles, Estados

Unidos e China, o que, de certo modo, fragiliza a atuação desse tribunal.

Não menos relevante na Emenda Constitucional n. 45/2004 é a previsão do art. 102, parágrafo 3º, da Constituição de 1988, que estabeleceu a repercussão geral das questões constitucionais em sede de **recurso extraordinário**. Este tem como modelo o instituto do *writ of certiorari* estadunidense, adotado ao controle difuso de constitucionalidade brasileiro como requisito de admissibilidade, uma vez atendidos os critérios da relevância e da transcendência (Marinoni; Mitidiero, 2009) da matéria a ser levada à Corte constitucional. Constitui-se em um mecanismo importado do sistema de precedentes da *common law* inserido ao direito brasileiro.

De lá para cá, o referido mecanismo de seleção e filtragem, segundo uma análise qualitativa e quantitativa (Marinoni; Mitidiero, 2009), acarretou uma considerável otimização das atividades do STF, possibilitando à Corte Constitucional uma racionalização das atividades em prol da eficiência. Isso fez com que pudesse assumir novos papéis como Corte Suprema, para o atendimento dos novos anseios da sociedade. No entanto, podemos afirmar que ainda há necessidade de aprimoramento desse mecanismo, uma vez que a decisão do caso produz efeitos vinculantes para todos os demais sobrestados cuja controvérsia jurídica seja idêntica.

De todo modo, com a Emenda Constitucional n. 45/2004, os tratados internacionais em matéria de direitos humanos passaram a ter o **status de emendas constitucionais**, eis que aprovados por um quórum de maioria absoluta (art. 5º, § 3º, CF). Com isso, o Estado brasileiro não apenas dificulta o processo legislativo de alteração de tais normas, mas também ratifica a intenção em reforçar os compromissos celebrados na órbita internacional.

Lembramos que a elaboração e a incorporação dos tratados em direitos humanos compreendem as seguintes fases: negociação; elaboração do texto; assinatura; ratificação; promulgação; publicação; e registro (Guerra, 2020).

Portanto, o propósito da Emenda Constitucional n. 45/2004 foi notavelmente positivo nos pontos abordados, entre outros tantos, ao sistema judiciário brasileiro. Assim, a Corte Constitucional brasileira pode afastar-se de uma atuação reativa e aproximar-se de um modelo proativo (Mitidiero, 2013) de atuação jurisdicional, de modo a contribuir para a segurança jurídica, a coerência (Marinoni, 2020), a integridade e a unidade do direito, atuando em casos paradigmáticos com efeitos vinculantes, a fim de retomar uma função precípua como reconhecedora de novas perspectivas e, ainda, de desenvolver e aprimorar o direito de acordo com as demandas sociais (Mitidiero, 2013).

A concepção atual do Estado de Direito exige novas perspectivas da modernidade, em que a legitimidade de atuação não se encontra apenas na observância da lei vigente, mas, sobretudo, em uma "rematerialização" da pauta de valores. Nesse contexto, os poderes instituídos não se dispõem ao sabor do vento (Miranda, 2018). Assim, deverá a Corte Constitucional, na condição de Corte Suprema, atender aos comandados constitucionais e convencionais em suas mais diversas acepções, o que se impõe ao Estado soberano da modernidade, especialmente em matéria de direitos fundamentais e humanos, o que veio a ser reforçado pela Emenda Constitucional n. 45/2004.

— 6.4 —
Hierarquia dos tratados internacionais de direitos humanos no Brasil pós-Emenda Constitucional n. 45/2004

A doutrina aponta que, embora os compromissos internacionais sejam incorporados pelo Estado brasileiro, a desconformidade da norma com a realidade social e os valores vigentes na sociedade acabam por não produzir efeitos concretos e a trazer "falta de efetividade de tais normas e ao seu desuso social" (Mazzuoli, 2013b, p. 12). A ineficácia de tais normas gera certo isolamento desse precioso arcabouço jurídico, com um descrédito do jurisdicionado aos tratados por tamanha utopia.

De fato, as reiteradas violações aos compromissos internacionais demonstram o descompromisso estatal. Essa é uma realidade não apenas local, nem regional, dos países em desenvolvimento, mas também de países mais avançados, o que não acentua a gravidade da questão, ao contrário, faz-se pensar em novas estratégias de atuação adequadas ao cenário nacional.

Assim, propõe-se uma reflexão sobre as mais diversas temáticas sensíveis dos tratados internalizados pelo Brasil: questões raciais, de gênero, tortura, liberdades civis e políticas, direitos socioeconômicos, direitos culturais, liberdades cívicas, trabalho de migrantes, direitos dos deficientes, entre outros relevantes temas. Desse modo, será possível mensurar os reflexos da inércia do Estado brasileiro quanto à proteção aos direitos humanos, ainda que essa não seja uma realidade apenas nacional.

Pela nova redação da Emenda Constitucional n. 45/2004, objetivamente, tratados internacionais em matéria de direitos humanos, quando aprovados pelo processo bicameral por maioria absoluta, passam a obter o *status* de emenda constitucional (art. 5º, § 3º, CF). Logo, inaugura-se, pela vigência da referida emenda, o controle concentrado de convencionalidade no direito brasileiro (Mazzuoli, 2013b). Antes disso, ou seja, previamente à referida emenda, os tratados eram incorporados em processo bicameral com maioria simples, ganhando o *status* de lei ordinária. Essa mudança demonstra que a Emenda Constitucional n. 45/2004 trouxe mais uma forma de referendar a difusão dos tratados internacionais em matéria de direitos humanos ao ordenamento jurídico brasileiro pátrio.

No entanto, há uma acirrada controvérsia na doutrina acerca da incorporação de tratados internacionais em matéria de direitos humanos no direito pátrio após o advento da referida emenda constitucional. A discussão paira sobre a hierarquia dos tratados, que tem, pela doutrina, as seguintes interpretações:

- tratados de natureza supraconstitucional;
- tratados de natureza constitucional;
- tratados de natureza de lei ordinária;
- tratados de natureza supralegal.

Dos dispositivos constitucionais explícitos consubstanciados no art. 5º, parágrafo 2º, da Constituição de 1988 decorrem direitos que podem ser direitos implícitos ou princípios implícitos. Os denominados *princípios implícitos* são o princípio internacional *pro homine*, o qual compõe-se de dois subprincípios: da dignidade humana (art. 1º, III, CF) e da prevalência dos direitos humanos (art. 4º, II, CF). Os dois subprincípios consagram o **princípio da norma mais favorável**, em havendo conflito de leis entre a Constituição e os tratados em direitos humanos (Mazzuoli, 2013b).

No que se refere ao controle jurisdicional de convencionalidade de leis, para o controle concentrado, a hipótese de incidência passa a ser instituída pelo art. 5º, parágrafo 3º, da Constituição de 1988 (normas materialmente e formalmente constitucionais); na hipótese de controle difuso, incide o art. 5º, parágrafo 2º, da Carta Magna (normas materialmente constitucionais). Este último é exercido por todos os juízes e tribunais do país até a instância do STF.

Também se apresenta como técnica do controle de convencionalidade, quando da apreciação da lei ou da Constituição face ao tratado/convenção, o **efeito paralisante** das espécies normativas domésticas em relação às normas internacionais (Mazzuoli,

2013b). Ou seja, se a norma for atingida pela convenção, o juiz deverá analisar se o atingimento foi parcial ou total da lei.

A matéria-alvo de controle de convencionalidade pode ser reconhecida a requerimento das partes, ou *ex officio*, por decorrência da obrigatoriedade interna a formar um *corpus juris*, nos termos do disposto no art. 105, III, da Constituição. Em ambas as hipóteses, podem ser paradigmas de controle de convencionalidade de leis, realizando-se a dupla compatibilidade vertical do direito doméstico.

Outra questão importante a ser apresentada é o **plano da vigência, validade e eficácia** (Mazzuoli, 2013b), ou seja, se a norma for compatível com a Constituição e não o for com o tratado em vigor, este será considerado, embora ainda vigente, sem validade perante o ordenamento jurídico brasileiro, uma vez que estão presentes os limites materiais verticais (Mazzuoli, 2013b).

Portanto, somente se houver a compatibilidade vertical material, a norma será válida (coerência/compatibilidade), o que pressupõe a sua vigência (existência). Quando uma lei é anterior ao tratado de direitos humanos, ainda que em conformidade com a Constituição, deve ser considerada revogada (derrogada ou ab-rogada); já quando é posterior ao tratado e incompatível com ele (segunda análise da compatibilidade vertical), ainda que não confronte a Constituição, deve ser considerada inválida e ineficaz. Nesse último caso, caracteriza-se desuso social (Mazzuoli, 2013b, p. 14-21).

Logo, se a lei conflitar com a Constituição de 1988, será inconstitucional e inválida (se for anterior, opera-se o efeito da derrogação ou ab-rogação) (Mazzuoli, 2013b). Quanto aos tratados de direitos humanos, se a lei for anterior ao tratado, será revogada (ou derrogada, ou ab-rogada); se posterior, será inválida, ainda que seja compatível com a Constituição de 1988.

No que se refere à posição hierárquica dos tratados em direitos humanos, para alguns autores, deve prevalecer o entendimento de que, mesmo sendo normas aprovadas no processo bicameral antes da Emenda Constitucional n. 45/2004, não é razoável dar a eles tratamento de leis ordinárias nem de supralegalidade. A doutrina normalmente sustenta a natureza de **norma materialmente constitucional**, que é alvo de controle de convencionalidade (Sarlet, 2013, p. 92-93). Além do posicionamento sobre o conflito entre o direito convencional incorporado ao direito interno e à norma constitucional, outros autores da doutrina pátria (Bidart Campos, 1991) e internacional defendem a tese da **supraconstitucionalidade** dos tratados em direitos humanos em relação ao direito interno (Sagüés, 2010a), justamente por causa dos objetivos buscados nessa área com tais acordos internacionais e regionais.

Desse modo, uma lei pode ser contrária à Constituição e em harmonia com o tratado em direitos humanos, no entanto, o inverso não seria admissível, já que se constituiria em uma norma constitucional mas inconvencional (Sagüés, 2010a, p. 459-461). O Estado não poderia, sob o pretexto de dar cumprimento à Constituição, descumprir tratados em matéria de direitos humanos que foram alvo de incorporação. Logo, no primeiro caso, a lei seria válida; no segundo, nula.

Nessa linha, em se tratando de controle de convencionalidade, a lei está em exame sob o crivo do tratado/da convenção, e não sob o crivo da Constituição, ou seja, não se está diante do controle de constitucionalidade (Sagüés, 2009). Se o direito convencional foi incorporado ao direito interno, por consequência lógica, o direito nacional, mesmo a Constituição, deve ser alterado para estar alinhado ao direito convencional incorporado ao direito interno. Nesse caso, a lei infraconstitucional não é atingida pelo efeito paralisante, mas, sim, a Constituição, por estar em desacordo com o tratado/a convenção, repita-se, incorporado ao direito interno, o que caracteriza um direito supraconstitucional.

Em 2008, o assunto da hierarquia de normas ganhou as atenções da corte constitucional no Brasil. Quanto à apreciação do Recurso Extraordinário n. 466.343-1/SP, passou-se a entender, sob a relatoria do Ministro Gilmar Mendes, em sede de controle difuso de convencionalidade que envolve a prisão de depositário infiel, que, por haver confronto entre o dispositivo da Constituição (art. 5º, LXVII) e o da CADH (art. 7º), incidiu-se, no caso, o princípio da primazia da norma mais favorável. Nesse sentido, a corte firmou o entendimento, por maioria, de que os tratados internacionais em matéria de direitos humanos incorporados antes da Emenda Constitucional n. 45/2004 têm o *status* de **normas supralegais**. O voto divergente do Ministro Celso de Mello firmou o entendimento de que, independentemente do quórum de aprovação, se antes ou depois da referida emenda, tratados de direitos humanos incorporados pelo Estado brasileiro são materialmente constitucionais, compondo-se o respectivo bloco de constitucionalidade (Mello, 2001).

Desse r. *decisum*, também pode-se concluir que, no que se refere aos tratados comuns como paradigma de controle ante as normas infraconstitucionais, tem-se o controle de supralegalidade. Já quanto à Constituição de 1988, observou-se que, se a norma constitucional for contrária ao tratado de direitos humanos, tal norma é inválida por ser inconvencional. Se a norma for posterior, está eivada de vícios formais, por isso também é inválida.

Essa decisão paradigmática da corte constitucional brasileira caracteriza importante precedente para situações futuras e para o questionamento acerca da prevalência do direito convencional sobre o direito interno, embora a doutrina majoritária tenha interpretado a referida decisão como uma chancela à tese da supralegalidade para os tratados de direitos humanos ratificados antes da citada emenda constitucional, mesmo em uma votação por maioria. No entanto, há quem sustente que, no r. *decisum*, houve uma interpretação favorável à tese da supraconstitucionalidade, *in casu*, da prevalência do Pacto de São José da Costa Rica em detrimento da norma constitucional brasileira, uma vez que esta contraria a convenção por decorrência do efeito paralisante, acarretando a invalidade da referida norma (Marinoni, 2013).

Por outro lado, a doutrina pátria consolida o pensamento sobre uma espécie de *jus cogens* no plano interno, ou seja, da imperatividade dos tratados de direitos humanos assim que ultrapassadas todas as fases de incorporação (Piovesan, 2016), o que é inerente ao direito dos tratados. Adotando-se a teoria monista temperada pelo Brasil (Fraga, 1998), tratados internacionais em matéria de direitos humanos traduzem-se em normas internas, não sendo necessário decreto para sua execução, estando em vigor a partir do momento da publicação/aprovação do procedimento legislativo.

Porém, na judicialização, observa-se uma baixíssima adesão à utilização dos tratados de direitos humanos nas decisões judiciais, seja pelos magistrados de primeiro grau, seja pelos tribunais locais e pelas cortes superiores, especialmente pelo STF, a quem é dada a missão, em grau último, da interpretação e da adequação de tais normas ao direito interno (Sarlet, 2013). Ainda que tais dispositivos convencionais tenham a sua correspondência na lei interna, deve o Judiciário fundamentar as decisões judiciais em todo o arcabouço jurídico, em suas razões de decidir, incluindo-se os referidos tratados de direitos humanos. Isso se constitui em um dever do Estado juiz e do jurisdicionado.

Há, portanto, clara omissão do Poder Judiciário brasileiro quanto ao seu dever constitucional de fundamentação das decisões judiciais, na perspectiva analítica dos tratados de direitos humanos, inclusive, o que vem expressamente assegurado no art. 93, inciso IX, da Constituição da República de 1988, e foi corroborado positivamente pelo aguerrido art. 489 do atual Código de Processo Civil brasileiro (CPC) de 2015, o que implica não apenas em negar um direito fundamental e humano, mas, também, sob o aspecto técnico, fragmentar a possibilidade de um maior diálogo no âmbito da Corte IDH, ao qual o Brasil está vinculado.

É evidente que decisões complexas em matéria de direitos humanos sempre retratam casos difíceis de solução. Direitos humanos são complexos, principalmente na atualidade, com tantas variações axiológicas em contextos diversos. Nesse aspecto, "a ponderação não só está necessariamente unida com o discurso, mas também com os direitos fundamentais [...] disso, resulta que os direitos fundamentais, necessariamente, estão enlaçados com o discurso" (Alexy, 2011a, p. 161). Isso leva à conclusão de que, estando-se diante de situações que exigem um espaço de discurso, é possível uma saída racional, a ser encontrada nos melhores argumentos.

Logo, todo conflito dessa envergadura estará envolvido em grande utilização da **linguagem como forma argumentativa**. A jurisdição constitucional deverá estar presente e será legítima quando for compatível com a democracia (Alexy, 2011a), permitindo-se a presença do povo, tal como ocorre no parlamento. Portanto, a forma de aproximação da jurisdição constitucional com a democracia é "compreendê-la também como representação do povo", e, para isso, é necessário o "abarcamento da argumentação no conceito de democracia", tornando-a deliberativa (Alexy, 2011a, p. 163).

Desse modo, afirma-se que, tendo por base a existência de argumentos "válidos ou corretos", a jurisdição constitucional atua baseando-se na "argumentação jurídico-constitucional" para o caso concreto (Alexy, 2011a, p. 164-165). Isso se traduz em um constitucionalismo discursivo capaz de legitimar as decisões judiciais, ou seja, a decisão judicial apenas será legitimamente democrática se revestida de razões argumentativas possibilitadas às partes.

Nesse discurso de racionalidade argumentativa, é essencial o substrato linguístico cultural que Habermas (1984, p. 12-14) denomina *mundo da vida* das diversas ciências, capaz de propiciar uma interação entre os sujeitos e uma visão de contextos de linguagem intersubjetivamente partilhados, nas mais diversas formas individuais e sociais de compreensão e ação. Desse modo, amplia-se e há uma progressão do conceito de racionalidade positiva/científica para uma construção empírica dos processos de aprendizagem que formam a cultura, a normatividade e a personalidade das comunidades, tornando-se capazes de progredir em seus estágios de evolução por meio do desenvolvimento cognitivo e comunicativo (Habermas, 1984).

Logo, a obrigatoriedade das fundamentações judiciais se revela absolutamente necessária como demonstração pública da legitimidade conferida ao Poder Judiciário no Estado democrático brasileiro. A motivação das decisões judiciais, com o "efetivo diálogo entre o juiz e as partes, tendo em conta o caráter lógico-argumentativo da interpretação do direito" (Marinoni; Arenhart, 2019, p. 73), é o substrato que revela ao jurisdicionado, ao cidadão e à sociedade as razões para os juízes decidirem desse ou daquele modo, já que, diferentemente do parlamento, o jurisdicionado não tem, hodiernamente, a possibilidade de participar/acompanhar a atuação do agente público. Portanto, ao construir uma decisão para o caso concreto, o julgador/órgão necessita cotejar e expor todos os melhores argumentos racionalmente alinhados pelas partes, pois somente assim o julgador/intérprete estará legitimado à atuação jurisdicional que lhe foi incumbida pelo constituinte derivado de 1988.

No que concerne ao *status* de norma constitucional previsto na Constituição de 1988 (art. 5º, § 3º), há de se lembrar que a CADH, da qual o Brasil é signatário desde 1992, determina, em seu art. 29, que Estados-membros realizem a adequação de suas normas internas à referida carta, restando evidente, portanto, a posição hierárquica superior da convenção quanto ao ordenamento jurídico brasileiro.

Um possível **conflito normativo** poderá ser resolvido com uma reforma constitucional ou com técnicas de interpretação da mutação constitucional, preservando-se as cláusulas pétreas, já que o princípio axiológico jurídico *pro homine* (Mazzuoli, 2013a) está ínsito em ambas as cartas, bem como a pactuação dos atributos da soberania (Accioly, 2009) relativa à jurisdição do sistema interamericano, prevista desde 1992.

Assim, no caso de **violação aos tratados de direitos fundamentais e humanos incorporados ao direito pátrio**, sustentamos o seguinte posicionamento:

- Em sede de controle concentrado de convencionalidade (art. 5º, § 3º, CF), no âmbito da Corte Constitucional, a lei deverá ser submetida, *prima facie*, ao crivo da Constituição;

após, e nessa ordem, necessariamente, aos tratados internacionais de direitos humanos; e, ainda, em outra via/modelo, havendo a contrariedade do tratado sobre a Constituição, deverá prevalecer o direito convencional sobre o direito constitucional.

- Em sede de controle difuso de convencionalidade (art. 5º, § 2º, CF), os juízes devem, obrigatoriamente, enfrentar, de modo incidental, *prima facie*, o exame da lei ao crivo da Constituição. Depois, submeter ao crivo dos tratados internacionais de direitos humanos, os quais podem ter sua escalada à Corte Constitucional brasileira em última análise, desde que sejam atendidos os requisitos do recurso extraordinário, especialmente o reconhecimento da repercussão geral da questão constitucional.

No Brasil, a teor do art. 5º, parágrafo 3º, da Constituição e os tratados internacionais em matéria de direitos humanos incorporados têm natureza de emenda constitucional por força da Emenda Constitucional n. 45/2004, motivo pelo qual a posição mencionada no primeiro item anterior dependeria de uma mutação constitucional nesse sentido. Em ambas as situações citadas, o STF está cumprindo a função/missão de uniformizar (Wambier, 2013) a interpretação dos tratados em matéria de direitos humanos, como assim se espera de uma Corte Suprema (Mitidiero, 2013).

Em resumo, tratados internacionais de direitos humanos objetivam fazer o reforço da promoção desse arcabouço humanístico no Brasil (Piovesan, 2016), o que requer uma ampla sensibilização dos operadores do direito e, sobretudo, do Poder Judiciário. Desse modo, é possível resguardar o direito a uma tutela jurisdicional e corroborar a promoção efetiva dos direitos fundamentais e humanos, seja em âmbito interno, seja em âmbito internacional, realizando a aproximação do diálogo com o sistema internacional de direitos humanos.

A tendência de utilização de **filtros recursais** nas Cortes Supremas como técnica de precedentes, em sede de controle difuso, a exemplo da repercussão geral, vem se demonstrando uma solução jurídica eficiente para casos iguais com controvérsia jurídica idêntica – como aspecto ínsito de enorme relevância –, de modo a prestigiar a segurança jurídica, a previsibilidade das decisões judiciais e a unidade do direito (Marinoni, 2020) Nessa mesma linha, está em fase de aprovação o mecanismo da "arguição de relevância", sendo implementado também para a Corte de Justiça, em sede de recurso especial.

Afirma a doutrina que tanto o tribunal constitucional quanto o tribunal da cidadania têm sido incipientes quando o tema são os direitos humanos provenientes de tratados internacionais de direitos humanos que o Estado brasileiro seja parte, o que reduz o déficit democrático das decisões judiciais (Guerra, 2020). De fato, ainda em dias atuais, há uma grande resistência acerca da utilização das normativas internacionais quando da fundamentação.

Há de se lembrar que a possibilidade de denúncia aos tratados de direitos humanos no Brasil ainda se encontra no âmbito do

STF, com julgamento suspenso. É um tema de enorme divergência, eis que versa sobre a possibilidade ou não de o presidente da República realizar o ato de denúncia de forma unilateral. O caso sob *judice* refere-se à polêmica Convenção n. 158 da OIT, que trata de normas trabalhistas, portanto, matéria relativa a direitos humanos. No julgamento da Ação Direta de Inconstitucionalidade (ADI) n. 1.625/DF, de 1997, o tema se encontra suspenso, vencendo, até o momento, a tese pela procedência, uma vez que o presidente da República não poderia, unilateralmente, realizar a denúncia à referida convenção.

Uma importante medida legislativa seria a reforma constitucional por emenda, com uma nova redação do texto, como o acréscimo de uma alínea ao art. 5º, parágrafo 3º, para prever a viabilidade de denúncia mediante atuação bicameral do Poder Legislativo e, ainda, a possibilidade de consulta popular (Nino, 1997). A técnica do processo de emenda à Constituição é prevista na Bolívia, na Colômbia, na Costa Rica, em Cuba, no Equador, na Guatemala, no Panamá, no Paraguai, no Peru, no Uruguai e na Venezuela, o que provoca a sociedade a participar das decisões políticas em matéria de direitos fundamentais e humanos, não deixando as decisões exclusivamente sob o crivo do Judiciário (Barroso; Osório, 2019).

Por todo exposto, devemos ressaltar que o controle de convencionalidade não vem sendo manejado pelos juízes devido a uma resistência cultural arraigada de não conceberem a estrutura do ordenamento jurídico interno a contemplar os tratados internacionais, sobretudo em direitos humanos, muito menos pelos advogados do sistema judiciário brasileiro. Há a ideia de que seja um processo moroso que não acarreta resultados, mas essa lógica deve ser invertida para fortalecer o mecanismo interno de controle das convenções e dos tratados de direitos humanos e também do sistema regional de proteção aos direitos humanos, especialmente o sistema americano de proteção.

— 6.5 —
Controle de convencionalidade brasileiro na América Latina: pela aproximação e pelo diálogo entre as jurisdições das Cortes

O desenvolvimento das relações internacionais fundamentou a necessidade da criação e do fortalecimento dos sistemas interacionais de proteção aos direitos humanos, de modo que os Estados-membros pudessem ter uma via institucional em âmbito internacional para a resolução de conflitos, dispensando o recurso de Forças Armadas como meio de solução de controvérsia (Mazzuoli, 2013b).

Na dinâmica das relações convencionais entre Estados--membros no que se refere a tratados/convenções firmados no âmbito da ONU, o sistema convencional de proteção aos direitos humanos ocorre por meio da incorporação dos compromissos celebrados (Melo, 2016). Os Estados-membros são monitorados via comitês ou *treaty bodies*, responsáveis pela supervisão e pelo monitoramento dos compromissos estabelecidos, aos quais somente serão submetidos os Estados que aceitarem as disposições específicas.

Para o monitoramento, são criados comitês para cada convenção de direitos humanos, com uma dupla finalidade não judicial (atuação não contenciosa e atuação contenciosa quase judicial), já que o propósito dos comitês é assegurar o cumprimento dos referidos compromissos. Mas há também uma atuação judicial perante a Corte Internacional de Justiça – CIJ (art. 92 da Carta da ONU): todos os Estados-membros da ONU são signatários do Estatuto da Corte Internacional de Justiça (ECIJ), comprometendo-se ao cumprimento das decisões.

A importância desses tratados revela-se, pela sua magnitude, internacionalmente, por exemplo: a Convenção sobre a Eliminação de Todas as Formas de Discriminação contra as Mulheres, aprovada em 1979 (dos 193 países signatários da ONU, foi ratificada por 188); a Convenção Internacional sobre os Direitos da Criança, aprovada em 1989, ratificada por todos os países, salvo os Estados Unidos; a Convenção Internacional sobre os Direitos das Pessoas com Deficiência, aprovada em 2009, ratificada por todos os países, salvo os Estados Unidos, embora tenham assinado o documento. Portanto, são compromissos de alcance interno e internacional e de grande repercussão.

Sob uma concepção pluralista e consensual, Estados-membros celebram tratados internacionais na intenção de que haja um equilíbrio no tratamento da temática no plano internacional, o que demonstra a relevância desses compromissos para o equilíbrio das relações internacionais e para o povo/nação que vê seu país incluso no rol de Estados-membros (Abregú; Courtis, 1997).

Portanto, a finalidade da celebração dos tratados internacionais em matéria de direitos humanos é estabelecer um arcabouço jurídico especializado acerca de determinadas temáticas – diferentemente das constituições, que não têm apenas essa finalidade precípua (Miranda, 2018). Os Estados-membros devem cumprir os referidos instrumentos segundo uma análise externa, ou seja, perante a ONU e a comunidade internacional, e segundo uma análise interna, isto é, para a nação/o povo. Ainda é necessária a conformação dessas normas nacionais às normas convencionais, sob um duplo ângulo.

Essa é a real finalidade do controle de convencionalidade no plano doméstico (ou deveria ser), em todas as searas da esfera pública (Marinoni, 2013). Quando se fala de *controle de convencionalidade*, não há como desmerecer o controle preventivo do Legislativo na elaboração de leis e do Executivo na gestão de recursos públicos (Guerra, 2020), nos termos dos compromissos assumidos pelos Estados-membros.

Como exemplo, vale registrar o caso **Almonacid Arellano y otros *versus* Chile**, de 2006, em trâmite na Corte Interamericana, que foi paradigmático ao determinar que membros do Poder Judiciário dos Estados-membros estão submetidos ao disposto na CADH e que devem utilizar como parâmetro os julgamentos da Corte Interamericana. Já o caso **Trabajadores Cesados**

del Congreso versus Perú, também de 2006, foi emblemático ao determinar que o controle de convencionalidade deve ser realizado *ex officio* por todos os órgãos do Poder Judiciário em suas respectivas competências. Em 2011, no caso **Gelman versus Uruguay**, determinou-se que todos os Estados-membros, por intermédio dos respectivos órgãos, devem realizar o controle de constitucionalidade, já que a aplicação das decisões da CADH necessita de providências internas dos Estados.

Feita essa análise intergovernamental entre Estados-membros signatários e ONU no que tange à atuação do Poder Judiciário na adequação/conformação das constituições latino-americanas aos tratados/convenções internacionais em matéria de direitos humanos, cabe lembrar que o constitucionalismo latino-americano vem passando por uma profunda transformação nas últimas décadas (Pegoraro, 2002), o que demonstra, por outro lado, uma reação dos países a essa fragilidade dos compromissos celebrados em matéria de direitos fundamentais e humanos (Wolkmer, 2013; Barroso, 2019).

A relação entre sistema interamericano e sistemas nacionais possibilitou a formação de uma base comum, um novo *ius commune* para a América Latina, o que vem consolidando a jurisdição constitucional interamericana de duas formas: a primeira, pela proteção dos direitos humanos por meio de mecanismos judiciais constitucionais; a segunda, pela proteção interamericana dos direitos humanos, em uma espécie de duplo ângulo no caso de Estados-membros (Ayala Corao, 2004, p. 44).

Alguns países já têm a visão supraconstitucional acerca da incorporação dos tratados internacionais, tais como Colômbia e Peru, que já acenam claramente a necessidade de se caminhar na direção de um direito constitucional em harmonia com os direitos humanos. Outros já evoluíram, de certa forma, ao determinarem, em suas cartas, o mesmo *status* constitucional para os tratados internacionais de direitos humanos, como Brasil, Chile e Equador, este último com a prevalência em matéria de direitos humanos, o que demonstra as características plurais do constitucionalismo latino-americano, contribuindo para uma maior integração entre o direito constitucional e o direito internacional (Piovesan, 2012).

Mas a finalidade das constituições democráticas não se resume à previsão de direitos/garantias fundamentais, embora sejam tão relevantes ao ponto de serem instituídos como cláusulas pétreas em muitos países. No contexto latino-americano é raro, pois apenas Brasil, Equador, Bolívia e Guatemala têm cláusulas pétreas nessa perspectiva (Barroso, 2019). Essa é a razão crucial por que os tratados internacionais em direitos humanos precisam de uma superposição quanto às constituições – no caso de tais direitos virem a ser suprimidos das respectivas constituições, o que não vem sendo incomum em tempos mais recentes, de constitucionalismos autoritários e abusivos (Tushnet, 2015) e de vulnerabilidades dos direitos e das liberdades fundamentais, haverá uma norma "salvaguarda", que os Estados-membros se obrigam a cumprir. No entanto, no Brasil, o entendimento amplamente dominante da doutrina, por força do art. 5º, parágrafo 3º, da Constituição, é no sentido de que os tratados aprovados após a Emenda Constitucional n. 45/2004 são considerados emendas constitucionais.

Sob o aspecto pragmático, interno, a tese da supraconstitucionalidade demonstra-se relevante mais para garantir a proteção desses direitos nas respectivas constituições do que propriamente uma preocupação de um eventual conflito entre normas, pois que ambas são dotadas de abstração valorativa (Raz, 2009) inerentes aos direitos humanos, de modo que estão passíveis de conjugar, abarcar e incorporar o sentido da constituição ao tratado.

No entanto, nos casos de difícil decisão, opera-se a decisão em prol dos tratados de direitos humanos por sua concepção axiológica muito mais ampla, e a Corte Interamericana deve indicar, legitimamente, de modo argumentativo-racional (Alexy, 2011b), que a vontade majoritária nacional pode não ser compatível aos direitos humanos no caso em concreto e que, em algumas situações, os direitos humanos podem ser "inconciliáveis" com a democracia, por isso é necessário que tal ato seja corrigido de imediato pelas Cortes nacionais (Marinoni, 2013).

Vale lembrar que a leitura moral das constituições – criticada, porém muito realizada (Dworkin, 2006) – faz parte do contexto da sociedade moderna. Portanto, as normas constitucionais devem ser reanalisadas à luz dos tratados internacionais de direitos humanos celebrados, sempre em favor da garantia da proteção de direitos fundamentais. Esse é um bom caminho a trilhar no debate acerca da concepção axiológica valorativa na qual está inserido o princípio *pro homine* (Mazzuoli, 2013), também denominado *pro persona*, tal como o princípio da dignidade humana (Ferrajoli, 2002). Além disso, nos compromissos internacionais em matéria de direitos humanos, está presente uma intensa carga axiológica, o que fortalece o amplo debate (Sarlet, 2013) dos diversos intérpretes (Häberle, 2002) na elaboração de leis, na execução de políticas públicas e na atuação jurisdicional das cortes constitucionais, sob o ângulo do controle de convencionalidade doméstico.

O fenômeno da evolução da sociedade faz com que juízes e tribunais compartilhem experiências (Garapon; Allard, 2005), o que é louvável, pois a democracia não prescinde que os juízes tenham a última palavra, mas também não traz outra opção e "não faz questão de que não a tenham" (Dworkin, 2006, p. 10). Cabe ao Judiciário a decisão última, que ela seja mais bem aprimorada, pois, ainda que não seja a melhor decisão, poderá ser uma decisão melhor.

De igual importância é a manutenção do Estado-membro no tratado, com a necessidade de adaptação dos textos constitucionais, que passam a prever a atuação bicameral do Poder Legislativo e/ou a consulta popular (Nino, 1997). Casos de denúncia aos tratados internacionais em direitos humanos, tal como a saída da Venezuela da CADH, em que os governantes dizem atuar em nome da soberania de Estado, mas que está desvinculada da vontade do povo, tornam-se um ato eivado de inconstitucionalidade (Ayala Corao, 2012).

Estabelecidas as premissas acerca do controle de convencionalidade e sua importância aos Estados-membros, especialmente na América Latina, deve-se observar esse mesmo controle no diálogo entre jurisdições, o que ocorre de três formas: (1) entre sistemas regionais de proteção, com a inter-relação entre a Corte Europeia de Direitos Humanos (CEDH) e a Corte IDH; (2) entre a jurisdição regional e a jurisdição constitucional; (3) entre jurisdições nacionais.

No que se refere às **jurisdições nacionais**, não se trata de um tema novo. É um fenômeno que tem se fortalecido nas últimas décadas em decorrência da globalização (Stiglitz, 2007) e do fortalecimento da supranacionalidade (Sagüés, 2009). São exemplos:

- a paradigmática decisão da Corte da África do Sul, que, em 1995, entendeu ser inconstitucional a pena de morte com base em julgamentos das Cortes da Alemanha, do Canadá, da Índia e da Hungria (Slaughter, 1997);
- a Colômbia, quanto aos direitos humanos, com diversos julgados fundamentados na CIJ (Abregú; Courtis, 1997);
- as cortes da Costa Rica e da Argentina, que se fundamentaram em decisões da Corte IDH (Abregú; Courtis, 1997).

Essas situações, em uma concepção democrática, são salutares e se constituem em formas de imprimir maior legitimidade às decisões e de fortalecer o controle de convencionalidade no plano internacional.

Por outro lado, vale ressaltar a crítica tradicional sobre a cautela necessária quando da utilização de jurisprudência alemã, americana ou de outras ordens jurídicas para que não se repita o velho colonialismo (Montoro, 1979), o que também se encontra na moderna doutrina de direito comparado (Pegoraro, 2015). Por certo, é preciso ter cuidado ao se analisar situações jurídicas e fáticas incompatíveis. No entanto, é notório que o intercâmbio com o direito estrangeiro (Garapon; Allard, 2005) vem ganhando importância como fonte de normas para o Judiciário da modernidade nos âmbitos nacional, regional e internacional.

Quanto ao **diálogo entre a jurisdição regional e a jurisdição constitucional**, será analisado aqui o sistema internacional americano. Desde o final do século XX, um importante movimento vem sendo estabelecido em prol do respeito e da obrigatoriedade ao cumprimento aos direitos humanos contidos na CADH, em que os Estados-membros se comprometem com os dispositivos desse tratado independentemente do conteúdo expresso nas normas constitucionais. Em circunstâncias normais, seria impensável pensar que os sistemas internacionais de proteção aos direitos humanos pudessem substituir a atuação de tribunais nacionais quanto à responsabilidade pela violação aos direitos humanos (Ayala Corao, 2004). De fato, a ineficiência da atuação das Cortes nacionais vem propiciando um maior controle de convencionalidade pela Corte Interamericana (Guerra, 2020), não apenas como efeito reativo e repressivo, mas também pedagógico, no sentido de demonstrar a importância de um diálogo permanente entre Cortes como uma função maior do sistema interamericano.

Ocorre que o controle de convencionalidade interno se transformou em uma sistemática coadjuvante, e não na principal (Mazzuoli, 2013b), invertendo-se a lógica. A inaplicabilidade da convenção americana pelos Estados-membros acarreta um afastamento da norma, de modo a transparecer uma ineficácia do tratado, razão pela qual os órgãos da Comissão e da Corte passaram a atuar, quando provocados, no âmbito do Sistema Interamericano de Direitos Humanos (SIDH), inclusive relativizando o princípio da reserva da jurisdição (art. 2º, § 7º, da Carta da ONU) no caso Favela Nova Brasília *versus* Brasil, em 2017, no qual se teve uma forte atuação em relação às jurisdições nacionais dos Estados-membros (CIDH, 2017).

Em 2003, a Corte Interamericana lançou mão do controle de convencionalidade de maneira inédita no caso Myrna Mack Chang *versus* Guatemala (CIDH, 2003). Afirma a doutrina que o arcabouço normativo objeto de controle deve ser composto pelo bloco de convencionalidade, formado pela CADH, pelos demais tratados de direitos humanos sob tutela do sistema interamericano e pelos precedentes da Corte Interamericana (Marinoni, 2013). Nesse caso, a decisão da Corte vai indicar a necessidade de compatibilização da ordem jurídica com a CADH.

Nessa linha, o controle de convencionalidade pelo Judiciário torna-se repressivo, como via última, aplicável se houver norma inconvencional, independentemente de a corte ter ou não analisado previamente o controle da norma em concreto. A convencionalidade pode ocorrer sob o aspecto material, quando há o descumprimento do tratado, ou sob o aspecto formal, quando há contrariedade da lei elaborada após o tratado entrar em vigência no país (Marinoni, 2013), determinando-se ao Estado-membro sua condenação: a reforma da norma, repita-se, da lei ou da Constituição (arts. 62.3 e 68.1 da CADH). Se isso não acontecer, gera a responsabilidade internacional daquele (arts. 1º e 2º da CADH).

A condenação pela Corte Interamericana pode ocorrer de diversos modos:

- **quanto à parte lesada** – sucessores, beneficiários e parte indiretamente lesionada por direito próprio;
- **quanto aos danos** – dano material e dano imaterial;
- **outras medidas já concedidas** – restituição, indenização compensatória, reabilitação, satisfação, garantias de não repetição, obrigação de investigação, julgamento e sanção.

São exemplos de tais medidas os seguintes julgamentos da Corte:

- Caso Loyaza Tamayo *versus* Peru, 1993;
- Caso Reparaciones y Costas, 1997;
- Caso Instituto de Reeducação do Menor *versus* Paraguai, 2004;
- Caso Ximenes Lopes *versus* Brasil, 2006;
- Caso Escher e outros *versus* Brasil, 2009;
- Caso Espinoza Gonzáles *versus* Peru, 2014;
- Caso Gomes Lund e outros (Guerrilha do Araguaia) *versus* Brasil, 2010;

- Caso Favela Nova Brasília *versus* Brasil, 2017.

A importância notável conferida às decisões da Corte Interamericana retrata sua imperatividade (Guerra, 2020) e exigibilidade no território dos Estados-membros que reconheceram a jurisdição da Corte para julgamento como "obrigatória, de pleno direito" (arts. 62 e 67). Além disso, ao se estabelecer no Estatuto da Corte Interamericana que "as decisões, juízos e opiniões da corte serão comunicados em sessões públicas e serão notificados por escrito às partes" (art. 23.3), propõe-se algo diferente da "solução amistosa do assunto, fundada no respeito aos direitos humanos reconhecidos" (art. 48, "f"), nos termos propostos da CADH.

De igual forma, a Corte Interamericana vem se posicionando em alguns casos julgados pela força obrigatória dos precedentes, ou seja, "a eficácia vinculante dos fundamentos determinantes das suas decisões" (Marinoni, 2013, p. 80), por decorrência de alguns julgados da corte. Isso ficou nítido no já comentado caso Almonacid Arellano y otros *versus* Chile, de 2006 (Sagüés, 2010b), que foi paradigmático ao determinar que membros do Poder Judiciário dos Estados-membros estão submetidos ao disposto na CADH e, ainda, que os juízes devem utilizar como parâmetro os julgamentos da Corte Interamericana (Sagüés, 2010a).

Há também quem se manifeste sobre essa decisão paradigmática da Corte afirmando que o sucesso para o *ius commune* depende da vontade da corte e dos tribunais nacionais em dar seguimento (Sagüés, 2010a; Sagüés, 2010b). Nos termos da CADH, a Corte pode determinar aos Estados-membros que sejam cessadas as violações de direitos humanos e impor condenações a título de reparação, modificação de leis internas, controle preventivo quando da conformação de leis etc. (Cantor, 2008).

A doutrina aponta que a Suprema Corte Argentina e o Tribunal Constitucional Boliviano já reconheceram os efeitos vinculantes das decisões da Corte Interamericana, embora essa tese não esteja pacificada no âmbito da própria Corte. O texto da Convenção (art. 68) determina que o cumprimento da decisão está vinculado ao Estado que é parte no caso, o que demonstra que o tema é sensível (Marinoni, 2013).

Em que pesem as críticas, afirmam alguns doutrinadores que a América Latina conquistou constitucional e convencionalmente um padrão mínimo comum em matéria de direitos humanos, com a influência integradora da CADH e da jurisprudência da Corte para convergir os sistemas (Ayala Corao, 2004). Outros especialistas acreditam ser necessário que as jurisdições nacionais fortaleçam o diálogo com a jurisdição interamericana (Abregú; Courtis, 1997), para que esta também possa dialogar com aquela. Para isso, é relevante a atuação dos diversos atores sociais (Neves, 2014b), incluindo os *amici curiae* na justiça interamericana, expressamente previstos no Estatuto da Corte (art. 44), com vistas a trazer novas acepções elucidativas e novos argumentos humanísticos às decisões.

Em outra concepção, não menos importante, alega-se que a sociedade mundial vem promovendo uma superação do constitucionalismo local para um transconstitucionalismo, o que deve ser analisado com seriedade no contexto da América Latina, já que uma integração sistêmica provoca uma desterritorialização dos problemas jurídicos constitucionais que estão além do Estado nacional. Como reação, é preciso estabelecer um diálogo interestatal e fazer o reconhecimento da diversidade de normas jurídicas para a solução de um problema que envolva direitos fundamentais e humanos. Logo, são necessárias formas transversais de articulação, o que só é possível se for respeitada a alteridade no contexto da região (Neves, 2014b).

Nessa linha, a imposição das decisões da Corte Interamericana tem um duplo efeito (arts. 52 a 69 da CADH), pois, além da submissão do Estado-membro ao *decisum*, tribunais nacionais, por consequência, devem rever suas próprias decisões a respeito. Logo, é preciso ter uma disposição para o diálogo entre cortes no sistema interamericano, de tal forma que "se amplia a aplicação do direito convencional pelos tribunais domésticos" para que haja "a formalização de uma racionalidade transversal" (Neves, 2014b, p. 211), o que é salutar na América Latina, em prol da consolidação das instituições e da preservação dos direitos humanos. Para isso, é imprescindível o conhecimento de uma realidade absolutamente plural de vida digna para região (Neves, 2014b).

Já quanto ao diálogo entre sistemas regionais de proteção e a inter-relação entre Corte Europeia e Corte Interamericana, há muito por avançar. O que se observa, de acordo com **estudo comparativo** realizado nas duas Cortes, é que as temáticas mais frequentes da Corte Interamericana estão relacionadas às violações que refletem o legado de governos ditatoriais, ao fortalecimento das instituições de direito, a uma justiça transnacional, aos grupos vulneráveis e litígios e aos direitos sociais. A Corte Europeia, por sua vez, é mais atuante nas relações que envolvam garantias processuais civis e criminais, direitos civis, privacidade e vida familiar (Fachin; Robl Filho; Tomio, 2016).

Ainda segundo o estudo, constatou-se que a Corte Europeia profere muito mais decisões que a Corte Interamericana: entre 2009 e 2016, foram 8.137 acórdãos da Corte Europeia e 136 sentenças e 309 medidas cautelares da Corte Interamericana para o mesmo período. A aproximação do Oriente tem propiciado à Corte Europeia o exame de temáticas relacionadas à Corte Interamericana, como garantias processuais, uso arbitrário de força e novas demandas (casamento entre pessoas do mesmo sexo, por exemplo), o que demonstra ser necessária uma comunicação mútua entre as Cortes para reconhecer as melhores práticas e evitar erros do passado.

Também se nota que a Corte Europeia confere maior grau de discricionariedade nacional no que se refere ao cumprimento de decisões aos Estados-membros, com a necessidade de medidas que possam promover a recuperação total das violações aos direitos humanos. Já a Corte Interamericana, consoante o disposto no art. 63 da CADH, permite robustas condenações com alto grau de reparação financeira, além das diversas medidas de compensação (Fachin; Robl Filho; Tomio, 2016).

Com base no mesmo estudo, cerca de 21% das decisões proferidas pela Corte Europeia basearam-se na jurisprudência da

Corte Interamericana; ou seja, esta vem se tornando mais europeia, o que torna necessários uma aproximação e um maior diálogo entre as Cortes para o avanço do sistema protetivo em conjunto, principalmente quanto ao cumprimento das respectivas decisões e efetivação de direitos humanos (Fachin; Robl Filho; Tomio, 2016).

No plano do diálogo entre jurisdições nacionais, o Brasil vem demonstrando, nas últimas décadas, um intercâmbio proveitoso com o direito comparado (Neves, 2014b). No entanto, isso acontece mais no plano da jurisdição entre cortes nacionais do que na relação entre Corte Brasileira e Corte Interamericana (Silva, 2010), diferentemente de países vizinhos da América Latina (Abregú; Courtis, 1997). Por isso, é um diálogo ainda tímido (Piovesan, 2012).

Objetivamente, a doutrina elenca três casos paradigmáticos para evolução desse diálogo de jurisdições, não apenas entre tribunais constitucionais, mas também oriundos de organizações internacionais. Vejamos:

1. Em 2003, um importante caso de racismo pela publicação de um livro de caráter antissemítico (Habeas Corpus n. 82.424/RS) foi objeto de análise da corte, fazendo menção à Suprema Corte Norte-Americana, à Câmara de Lordes da Inglaterra e à Corte de Apelação da Califórnia (Neves, 2014b).
2. Outro caso paradigmático foi da importação de pneus usados pelo Brasil envolvendo as ordens jurídicas do Paraguai, do Uruguai e da Argentina. Houve decisões conflitantes entre o Tribunal Permanente de Revisão do Mercosul e uma decisão

no órgão de solução de controvérsias da OMC. A questão foi solucionada pela Arguição de Descumprimento de Preceito Fundamental (ADPF) n. 101/2006, proibindo-se a exportação de pneus usados e, assim, resolvendo-se o caso pela jurisdição interna. No entanto, estudos indicam que o diálogo estabelecido pela Corte Constitucional brasileira tem sido mais intenso com as Cortes dos Estados Unidos e da Alemanha na última década (Silva, 2010).

3. O caso mais conhecido e já mencionado é o da **inconvencionalidade** do dispositivo do depositário infiel (Recurso Extraordinário n. 466.343/SP), em 2008, em que foi utilizada a decisão da Corte Constitucional espanhola, além da doutrina alemã, para compor a decisão final. Segundo a doutrina, trata-se de uma decisão com "força catalizadora de impactar a jurisprudência nacional", de modo que foi possível alcançar, para os tratados internacionais de direitos humanos, "um regime privilegiado no sistema jurídico brasileiro" (Piovesan, 2012, p. 87), propiciando novas perspectivas do controle de convencionalidade em matéria de direitos humanos, o que, no Brasil, também é denominado *bloco de convencionalidade* (Marinoni, 2013; Guerra, 2020).

Do mesmo modo, é salutar que as Cortes componentes do sistema de proteção aos direitos humanos tenham um diálogo mais próximo, cada qual em seu âmbito, respeitadas as peculiaridades de cada região, e que deliberem suas decisões judiciais a fim de que seja possível e proveitoso o intercâmbio entre essas Cortes para ampliar uma interpretação hermenêutica, levando-se em conta múltiplos fatores que incidem sobre o processo decisório. O diálogo entre as Cortes brasileira e interamericana, a exemplo de outras Cortes nacionais para a região, deve ser cada vez mais próximo no que se refere à construção das decisões judiciais pela Corte Constitucional brasileira, ampliando-se a interpretação do texto constitucional para convergir com os tratados internacionais de direitos humanos, normas dotadas de intensa carga axiológica valorativa capaz de sopesar a multiplicidade de fatores e formar relevantes consensos construtivos no sistema interamericano de proteção aos direitos humanos.

Sobre o tema, convém ressaltar que a construção de uma "verdade interpretativa" (Marrafon, 2010) torna complexa a metodologia de decidir e, ainda, que essa ação não substitui a política nem pretende fragilizar a democracia, mas sim fomentá-la. Um Judiciário atuante em observância a uma fundamentação ética, à validade das normas (sentido lato, inclusive as normas internacionais, como a *soft law*) e à legitimidade democrática sempre será um agente de promoção da democracia material, de modo a concretizar direitos fundamentais.

A fundamentação das decisões torna-se essencial para a formação de casos paradigmas (*leading cases*) na construção/consolidação de uma teoria de precedentes na Corte Interamericana, a qual já se posicionou favoravelmente ao tema em alguns casos, como os seguintes:

- Tibi *versus* Ecuador, 2004;
- Almonacid Arellano e outros *versus* Chile, 2006.

No entanto, o que ainda deve ser analisado com muita cautela é que as técnicas lógico-argumentativas constantes das razões de decidir necessitam estar claramente delineadas, expressando uma **tese jurídica** ou o sentido dado a uma norma segundo uma realidade fática (Marinoni, 2013), de modo a assegurar coerência, previsibilidade e unidade ao direito.

Portanto, no caso de violação aos tratados de direitos fundamentais e humanos incorporados ao direito pátrio, em sede de controle concentrado de convencionalidade e em sede de controle difuso de convencionalidade, o STF cumprirá a função/missão de uniformizar a interpretação dos tratados em matéria de direitos humanos, como assim se espera de uma Corte Suprema (Mitidiero, 2013).

Não menos importante são as novas normas classificadas como *soft law* (Dupuy, 1990) ante a revolução tecnológica para o milênio e o consequente remodelamento do direito internacional com o avanço da globalização e da complexidade dos temas (Gonçalves, 2014) que envolvem a relação entre Estados. Isso se difere substancialmente dos tratados internacionais como norma máxima do direito interno, sobre a qual se realiza o controle de convencionalidade doméstico e admite-se a atuação dos diversos atores e dos *amici curiae*, pela expressa previsão legal, de maneira a se fomentar os espaços públicos, ressaltando-se a zona de confluência entre tais normas, o que dá uma dimensão nova tanto ao juízo de admissibilidade quanto à própria construção do direito.

Logo, são necessários modelos inovadores de Estado, mas também são essenciais novos modelos de justiça no mundo. A International Association of Procedural Law vem se pronunciando sobre modelos de *accountability* e transparência da justiça civil nos países ocidentais, e seus membros vêm tratando de tais temas em diversas obras, como Mitidiero (2019), que assinalou os desafios a serem enfrentados por uma justiça civil no novo milênio – não são apenas os desafios relativos aos resultados obtidos de uma perspectiva numérica, mas também aqueles "que levem em consideração os direitos fundamentais das partes envolvidas no processo" (Mitidiero, 2019, p. 25).

Nesse novo modelo de atuação estatal, é imprescindível uma justiça de maior independência, atenta ao princípio da decisão da fundamentação das decisões judiciais, bem como à publicidade de suas decisões judiciais; essa justiça ainda deve ser dotada de absoluta transparência institucional. Esses são elementos essenciais para uma justiça civil *accountable* como órgão estatal legitimado e responsável pela tutela de direitos (Mitidiero, 2019).

No plano interno, em uma relação de confluência, é relevante que a Corte Constitucional brasileira possa entender como salutar e viável a adoção da tese da supraconstitucionalidade dos tratados celebrados em matéria de direitos humanos (Sagüés, 2010a), que revelam a expressão normativa do Estado de Direito na proteção e na promoção de tais direitos. Assim, deve ser promovido um constante diálogo com a Corte Interamericana no sentido de extrair-se a melhor interpretação possível dos tratados celebrados.

Quanto ao Judiciário brasileiro, há uma grande preocupação com a publicidade das decisões judiciais, com o fortalecimento da legitimidade jurisdicional relacionada a uma elevada exigência relativa aos ditames da fundamentação judicial e com a imparcialidade dos membros julgadores, o que causa certo descrédito em relação ao sistema de justiça do Brasil. Também é notável a falta de segurança/previsibilidade jurídica, embora a legislação processual brasileira já tenha instrumentos aptos a sanear esses entraves processuais, o que recai na falta de confiança no Poder Judiciário (Marinoni; Arenhart, 2019).

Portanto, o que se espera da Corte Constitucional brasileira do século XXI é uma Corte dotada de atuação mais responsiva, pautada nos ditames Constituição e, sobretudo, nos direitos fundamentais, sob um modelo de governança democrática, dotado de participação social e de novas tecnologias que propiciem à Corte uma escuta ativa, aberta à reflexão, com a incorporação de práticas inovadoras, nos moldes da Agenda 2030 da ONU (Fux, 2020).

Nesse contexto da modernidade global, é salutar que as Cortes nacionais possam ter um diálogo cada vez mais fortalecido entre as Cortes Constitucionais, em busca de um constitucionalismo em comum, especialmente na América Latina. Assim, será possível estabelecer, reforçar e integrar o desenvolvimento da região, o que também deve ser aprimorado por meio de um maior diálogo com a Corte IDH, sempre no intuito de promover direitos fundamentais e humanos nos países latino-americanos.

Considerações finais

O século XXI situa-se em um contexto paradigmático para a civilização humana no planeta. As guerras mundiais possibilitaram o consenso e a internacionalização dos direitos humanos, com a criação de importantes organismos que contribuem para a defesa, a proteção e a promoção de tais direitos, tanto em âmbito universal quanto regional, todos regidos pelas Nações Unidas. Paralelamente ao fenômeno de juridicização dos direitos humanos e ao novo constitucionalismo comprometido com a tutela de direitos fundamentais do final dos séculos XX e XXI, estão a consolidação da ordem econômica capitalista mundial e a revolução tecnológica pós-guerras mundiais, com o aprimoramento das relações comerciais entre países, a celebração de tratados internacionais econômicos, a consolidação dos blocos econômicos e a necessidade de consolidação de um multilateralismo das relações econômicas. Ao revés, essas questões vêm ocasionando um crescimento incontestável das desigualdades e das vulnerabilidades extremas entre países, contribuindo para um baixo IDH em diversas regiões do planeta, ao passo que as grandes potências econômicas vão demonstrando maior força no contexto geopolítico internacional.

Nessa linha, a crise vivida pelo constitucionalismo da atualidade fundamenta-se, essencialmente, no aprofundamento das relações sistêmicas do capitalismo em âmbito global e na não concretização dos direitos fundamentais e humanos. Portanto, há de se ter instrumentos e mecanismos hábeis que garantam tais direitos nos planos nacional e regional/internacional. Não é preciso apenas o comprometimento das Cartas Constitucionais, mas também a formação de um arcabouço protetivo em comum para a América Latina, de acordo com as peculiaridades desses povos, em meio às transformações econômicas que estão em processo de fortalecimento, em uma conjuntura regional e internacional favorável para a região no decorrer do século XXI.

Nesse sentido, é necessário fortalecer os mecanismos de efetivação de direitos fundamentais em âmbito interno, pelas Cortes Constitucionais, e em âmbito internacional, com um frequente e promissor diálogo entre as Cortes Constitucionais e a Corte

Interamericana, mas também entre a Corte Interamericana e a Corte Europeia, de modo a se perquirir a proteção e a promoção de tais direitos tão caros à humanidade.

Lista de siglas

ACNUDH	Alto Comissariado das Nações Unidas para os Direitos Humanos
ACNUR	Alto Comissariado das Nações Unidas para Refugiados
ADI	Ação Direta de Inconstitucionalidade
ADPF	Arguição de Descumprimento de Preceito Fundamental
CADH	Convenção Americana de Direitos Humanos
CDH	Conselho de Direitos Humanos
CEDH	Corte Europeia de Direitos Humanos
Cepal	Comissão Econômica para a América Latina e o Caribe

CF	Constituição Federal
CIDH	Comissão Interamericana de Direitos Humanos
CIJ	Corte Internacional de Justiça
CMC	Conselho do Mercado Comum
CNJ	Conselho Nacional de Justiça
CPC	Código de Processo Civil
DUDH	Declaração Universal dos Direitos Humanos
ECIJ	Estatuto da Corte Internacional de Justiça
Ecosoc	Conselho Econômico e Social das Nações Unidas
FAO	Organização das Nações Unidas para o Alimento e Agricultura (Food and Agriculture Organization)
FCCP	Fórum de Consulta e Concertação Política
FMI	Fundo Monetário Internacional
GATT	Acordo Geral sobre Tarifas de Comércio (General Agreement on Tariffs and Trade)
IDC	Incidente de deslocamento de competência
IDH	Índice de Desenvolvimento Humano
Mercosul	Mercado Comum do Sul
ODS	Objetivos de Desenvolvimento Sustentável
OEA	Organização dos Estados Americanos
OIT	Organização Internacional do Trabalho
OMC	Organização Mundial do Comércio
Ompi/Wipo	Organização Mundial da Propriedade Intelectual (World Intellectual Property Organization)
OMS	Organização Mundial de Saúde

ONG	Organização não governamental
ONU	Organização das Nações Unidas
OUA	Organização da Unidade Africana
PIB	Produto interno bruto
PIDCP	Pacto Internacional de Direitos Civis e Políticos
Pidesc	Pacto Internacional sobre Direitos Econômicos, Sociais e Culturais
Pnuma	Programa das Nações Unidas para o Meio Ambiente
RAADH	Reunião das Altas Autoridades na Área de Direitos Humanos
RPU	Revisão periódica universal
SIDH	Sistema Interamericano de Direitos Humanos
STF	Supremo Tribunal Federal
TPI	Tribunal Penal Internacional
UE	União Europeia
Unesco	Organização das Nações Unidas para a Educação, Ciência e Cultura

Referências

ABREGÚ, M.; COURTIS, C. (Org.). **La aplicación de los tratados sobre derechos humanos por los tribunales locales**. Buenos Aires: Editores del Puerto, 1997.

ACCIOLY, H. **Tratado de direito internacional público**. 3. ed. São Paulo: Quartier Latin, 2009. v. 1.

ACNUR – Alto-Comissariado das Nações Unidas para os Refugiados. **Convenção Relativa ao Estatuto dos Refugiados**. 1951. Disponível em: <https://www.acnur.org/fileadmin/Documentos/portugues/BDL/Convencao_relativa_ao_Estatuto_dos_Refugiados.pdf>. Acesso em: 8 mar. 2022.

ALEXY, R. A dignidade humana e a análise da proporcionalidade. **Espaço Jurídico Journal of Law**, Joaçaba, v. 16, n. 3, p. 83-96,

2015. (Edição Especial – Graves Violações DDHH). Disponível em: <https://portalperiodicos.unoesc.edu.br/espacojuridico/article/view/9763>. Acesso em: 8 mar. 2022.

ALEXY, R. **Constitucionalismo discursivo**. 3. ed. Tradução de Luís Afonso Heck. Porto Alegre: Livraria do Advogado, 2011a.

ALEXY, R. **Teoria de los derechos fundamentales**. Madrid: Centro de Estudos Constitucionales, 1997.

ALEXY, R. **Teoria discursiva do direito**. Tradução de Alexandre Travessoni Gomes Trivisonno. 2. ed. Rio de Janeiro: Forense Universitária, 2014.

ALEXY, R. **Teoria dos direitos fundamentais**. Tradução de Virgílio Afonso da Silva. 2. ed. São Paulo: Malheiros, 2011b.

ALMEIDA, P. R. de. Perspectivas do Mercosul ao início de sua terceira década. In: RIBEIRO, E. de S. (Coord.). **Direito do Mercosul**. 2. ed. Brasília, UniCEUB; ICPD, 2019. p. 1.221-1.247.

ALVES, J. R. da C. A. **O Conselho Econômico e Social das Nações Unidas e suas propostas de reforma**. Brasília, Funag, 2013.

AQUINO, T. de. **Suma Teológica**. 3. ed. São Paulo: Loyola, 2015 [c.a. 1265-1273]. v. 4 e 6.

ARENDT, H. **Origens do totalitarismo**. Tradução de Roberto Raposo. São Paulo: Companhia das Letras, 2012.

ARGENTINA. Constituição (1995). Disponível em: <https://siteal.iiep.unesco.org/sites/default/files/sit_accion_files/ar_6000.pdf>. Acesso em: 8 mar. 2022.

ARON, R. **Paz e guerra entre as Nações**. Tradução de Sergio Bath. Brasília: Ed. da UnB; Ipri; São Paulo: Imprensa Oficial do Estado de São Paulo, 2002.

ARTS, B. The Impact of Environmental NGOs. In: ARTS, B.; NOORTMANN, M.; REINALDA, B. (Ed.). **Non-State Actors in International Relations**. Burlington: Ashgate, 2001.

AYALA CORAO, C. M. Inconstitucionalidad de la denuncia de la Convención Americana sobre Derechos Humanos por Venezuela. **Estudios Constitucionales**, ano 10, n. 2, p. 643-682, 2012. Disponível em: <https://scielo.conicyt.cl/pdf/estconst/v10n2/art18.pdf>. Acesso em: 8 mar. 2022.

AYALA CORAO, C. M. Recepción de la jurisprudencia internacional sobre derechos humanos por la jurisprudencia constitucional. **Revista del Tribunal Constitucional**, n. 6, Sucre, nov. 2004.

AZEVÊDO, R. Comércio e mudanças climáticas na OMC: entrevista com o embaixador Roberto Azevêdo. **Pontes: Entre o Comércio e o Desenvolvimento Sustentável**, v. 5, n. 5, nov. 2009. Disponível em: <http://bibliotecadigital.fgv.br/ojs/index.php/pontes/article/view/77713/74335>. Acesso em: 8 mar. 2022.

BALASSA, B. **Teoria da integração económica**. Tradução de Maria Filipa Gonçalves e Maria Elisa Ferreira. 2. ed. Lisboa: Livraria Clássica, 1972.

BANDEIRA DE MELLO, C. A. O neocolonialismo e a administração pública brasileira. In: BLANCHET, L. A.; HACHEM, D. W.; SANTANO, A. C. (Coord.). **Estado, direito e políticas públicas**: homenagem ao professor Romeu Felipe Bacellar Filho. Curitiba: Íthala, 2014. p. 15-22.

BARBOSA MOREIRA, J. C. Reflexos da Emenda Constitucional n. 45, de 2004, no Processo Civil. **Revista da Escola da Magistratura do Estado do Rio de Janeiro**, v. 3, n. 32, 2006.

BARROSO, L. R. Contramajoritário, representativo e iluminista: os papéis dos tribunais constitucionais nas democracias contemporâneas. **Revista Direito & Práxis**, Rio de Janeiro, v. 9, n. 4, p. 2.171-2.228, 2018. Disponível em: <https://www.e-publicacoes.uerj.br/index.

php/revistaceaju/article/view/30806/21752>. Acesso em: 15 maio 2022.

BARROSO, L. R. Da falta de efetividade à judicialização excessiva: direito à saúde, fornecimento gratuito de medicamentos e parâmetros para a atuação judicial. In: SOUZA NETO, C. P. de; SARMENTO, D. (Org.). **Direitos sociais**: fundamentos, judicialização e direitos sociais em espécie. Rio de Janeiro: Lumen Juris, 2008. Disponível em <https://www.conjur.com.br/dl/estudobarroso.pdf>. Acesso em: 8 mar. 2022.

BARROSO, L. R. **Temas de direito constitucional**. 2. ed. Rio de Janeiro: Renovar, 2006. t. III.

BARROSO, L. R.; OSORIO, A. As constituições latino-americanas entre a vida e a morte: possibilidade e limites do poder de emenda. **Revista Brasileira de Políticas Públicas**, v. 9, n. 2, p. 19-52, ago. 2019. Disponível em: <https://www.publicacoes.uniceub.br/RBPP/article/view/6147/pdf>. Acesso em: 8 mar. 2022.

BASSO, M. O regime internacional de proteção da propriedade intelectual da OMC/TRIPs. In: AMARAL JÚNIOR, A. do (Coord.). **OMC e o comércio internacional**. São Paulo: Aduaneiras, 2002. p. 113-169.

BASTOS, C. E. C.; BASTOS, G. H. C. Os modelos de integração europeia e o Mercosul: exame das formas de produção e incorporação normativa. **Revista de Informação Legislativa**, Brasília, ano 36, n. 142, p. 221-237, abr./jun. 1999. Disponível em: <https://www2.senado.leg.br/bdsf/item/id/487>. Acesso em: 8 mar. 2022.

BENTO, L. V. **Governança global**: uma abordagem conceitual e normativa das relações internacionais em um cenário de interdependência e globalização. 575 f. Tese (Doutorado em Direito) – Universidade Federal de Santa Catarina, Florianópolis, 2007. Disponível em: <https://repositorio.ufsc.br/handle/123456789/89641>. Acesso em: 8 mar. 2022.

BETHELL, L.; ROXBOROUGH, I. A conjuntura do pós-guerra na América Latina e suas consequências. In: BETHELL, L.; ROXBOROUGH, I. (Org.). **A América Latina entre a Segunda Guerra Mundial e a Guerra Fria**. Tradução de Gilson César C. de Sousa. Rio de Janeiro: Paz e Terra, 1996. p. 17-61.

BIDART CAMPOS, G. J. **Teoría general de los derechos humanos**. Buenos Aires: Astrea, 1991.

BLANCHET, L. A. Princípio constitucional da reciprocidade: sua observância pelo particular e pelo Estado como garantia do desenvolvimento. In: HACHEM, D. W.; GABARDO, E.; SALGADO, E. D. (Coord.). **Direito administrativo e suas transformações atuais**: homenagem ao professor Romeu Felipe Bacellar Filho. Curitiba: Íthala, 2016. p. 191-206.

BOBBIO, N. **A era dos direitos**. Tradução de Carlos Nelson Coutinho. Rio de Janeiro: Elsevier, 2004.

BOBBIO, N. **Liberalismo e democracia**. Tradução de Marco Aurélio Nogueira. 6. ed. São Paulo: Brasiliense, 2006.

BOBBIO, N. **Teoria geral do direito**. Tradução de Denise Agostinetti. São Paulo: M. Fontes, 2014.

BODIN, J. **Les six livres de la république**: un abrégé du texte de l'édition de Paris de 1583. Edição de Gérard Mairet. Saguenay: [s.n.], 2011. Capítulo VIII do Livro I.

BOLÍVIA. Constituição (2009). Disponível em: <https://www.oas.org/dil/esp/constitucion_bolivia.pdf>. Acesso em: 8 mar. 2022.

BONAVIDES, P. **Ciência política**. 10. ed. São Paulo: Malheiros, 2000.

BONAVIDES. P. **Do Estado liberal ao Estado social**. 10. ed. São Paulo: Malheiros, 2011.

BUCHANAN, J. M. G.; TULLOCK, G. **The Calculus of Consent**: Logical Foundations of Constitutional Democracy. Indianápolis: University of Michigan Press. Fund., 1999. (The Selected Works of Gordon Tullock, v. 2).

BRASIL. Constituição (1988). **Diário Oficial da União**, Brasília, DF, 5 out. 1988. Disponível em: <http://www.planalto.gov.br/ccivil_03/constituicao/constituicao.htm>. Acesso em: 8 mar. 2022.

BRASIL. Constituição (1988). Emenda Constitucional n. 45, de 30 de dezembro de 2004. **Diário Oficial da União**, Brasília, DF, 31 dez. 2004. Disponível em: <http://www.planalto.gov.br/ccivil_03/constituicao/emendas/emc/emc45.htm>. Acesso em: 8 mar. 2022.

BRASIL. Decreto n. 2.754, de 27 de agosto de 1998. **Diário Oficial da União**, Poder Executivo, Brasília, DF, 28 ago. 1998. Disponível em: <http://www.planalto.gov.br/ccivil_03/decreto/d2754.htm>. Acesso em: 8 mar. 2022.

BRASIL. Decreto n. 7.030, de 14 de dezembro de 2009. **Diário Oficial da União**, Poder Executivo, Brasília, DF, 15 dez. 2009. Disponível em: <http://www.planalto.gov.br/ccivil_03/_ato2007-2010/2009/decreto/d7030.htm>. Acesso em: 8 mar. 2022.

BRAVO, A. A. S. Cambio Climático y Ciudades en la Unión Europea. In: GONÇALVES, O.; FOLLONI, A.; SANTANO, A. C. (Coord.). **Direito econômico e socioambiental**: por interconexões entre o desenvolvimento e a sustentabilidade. Curitiba: Íthala, 2016. p. 15-44.

CADHP – Comissão Africana dos Direitos Humanos e dos Povos. **Carta Africana dos Direitos Humanos e dos Povos**. África, Quênia, 1981. Disponível em: <https://www.achpr.org/pr_legalinstruments/detail?id=49>. Acesso em: 8 mar. 2022.

CANOTILHO, J. J. G. **Constituição dirigente e vinculação do legislador**: contributo para a compreensão das normas constitucionais programáticas. 2. ed. Coimbra: Coimbra, 2001.

CANOTILHO, J. J. G. **Direito constitucional e teoria da Constituição**. 7. ed. Coimbra: Almedina, 2003.

CANOTILHO, J. J. G.; MOREIRA, V. **Constituição da República Portuguesa Anotada**. 4. ed. Coimbra: Coimbra; Revista dos Tribunais, 2007. v. 1.

CANTOR, E. R. **Control de convencionalidad de las leyes e derechos humanos**. Cidade do México: Porruá, 2008.

CAPPELLETTI, M.; GARTH, B. Access to Justice and the Welfare State: an Introduction. In: CAPPELLETTI, M. (Ed.). **Access to Justice and the Welfare State**. Alphen aan den Rijn: Sitjhoff; Bruxelas: Bruylant; Firenze: Le Monnier; Stuttgart: Klett-Cotta, 1981. p. 1-24.

CARBAUGH, R. J. **Economia internacional**. Tradução de Roberto Galman. São Paulo: Thomson Learning, 2004.

CARVALHO, A. P. L. de; RUBERT, F. S.; VEIGA, V. T. de. Sistema universal dos direitos humanos. In: FACHIN, M. G. (Org.). **Guia de proteção dos direitos humanos**: sistemas internacionais e sistema constitucional. Curitiba: InterSaberes, 2019. p. 11-50.

CASTELLS, M. **A sociedade em rede**. Tradução de Roneide Venancio Majer. 8. ed. São Paulo: Paz e Terra, 2005. (Coleção A Era da Informação: Economia, Sociedade e Cultura, v. 1).

CASTELLS, M. **O poder da identidade**. Tradução de Klauss Brandini Gerhardt. São Paulo: Paz e Terra, 2010. (Coleção A Era da Informação: Economia, Sociedade e Cultura, v. 2).

CASTRO, C. R. S. **A Constituição aberta e os direitos fundamentais**: ensaios sobre o constitucionalismo pós-moderno e comunitário. Rio de Janeiro: Forense, 2003.

CEPAL – Comissão Econômica para a América Latina e o Caribe. **FAO e Cepal**: milhões de pessoas podem cair na extrema pobreza e podem passar fome em 2020 na América Latina e Caribe devido ao impacto da pandemia. 16 jun. 2020a. Disponível em: <https://www.cepal.org/pt-br/comunicados/fao-cepal-milhoes-pessoas-podem-cair-extrema-pobreza-podem-passar-fome-2020-america>. Acesso em: 8 mar. 2022.

CEPAL – Comissão Econômica para a América Latina e o Caribe. **Panorama social da América Latina 2018**: documento informativo. Jan. 2019. Disponível em: <https://www.cepal.org/pt-br/publicaciones/44412-panorama-social-america-latina-2018-documento-informativo>. Acesso em: 8 mar. 2022.

CEPAL – Comissão Econômica para a América Latina e o Caribe. **Panorama social da América Latina 2019**: resumo executivo. Jan. 2020b. Disponível em: <https://www.cepal.org/pt-br/publicaciones/45090-panorama-social-america-latina-2019-resumo-executivo>. Acesso em: 8 mar. 2022.

CEPAL – Comissão Econômica para a América Latina e o Caribe. **Panorama social da América Latina 2020**: resumo executivo. Abr. 2021. Disponível em: <https://www.cepal.org/pt-br/publicaciones/46784-panorama-social-america-latina-2020-resumo-executivo>. Acesso em: 8 mar. 2022.

CEPAL – Comissão Econômica para a América Latina e o Caribe. **Preliminary Overview of the Economies of Latin America and Caribbean**. 2020c. Disponível em: <https://www.cepal.org/en/publications/type/preliminary-overview-economies-latin-america-and-caribbean>. Acesso em: 8 mar. 2022.

CEPAL – Comissão Econômica para a América Latina e o Caribe. Universalizar el acceso a las tecnologías digitales para enfrentar los efectos del COVID-19. **Informe Especial Covid-19**, n. 7, 26 ago. 2020d. Disponível em: <https://repositorio.cepal.org/bitstream/handle/11362/45938/4/S2000550_es.pdf>. Acesso em: 8 mar. 2022.

CHUEIRI, V. K. de. Constituição brasileira de 1988: entre constitucionalismo e democracia. **Revista do Instituto de Hermenêutica Jurídica**, Porto Alegre, v. 1, n. 6, p. 423-430, 2008.

CHUEIRI, V. K. de. Direito e discursos de direitos. In: FONSECA, R. M. **Crítica da modernidade**: diálogos com o direito. Florianópolis: Fundação Boiteux, 2005.

CIDH – Corte Interamericana de Direitos Humanos. **Caso Almonacid Arellano y otros vs. Chile**. Sentencia de 26 de septiembre de 2006. Disponível em: <https://www.corteidh.or.cr/docs/casos/articulos/seriec_154_esp.pdf>. Acesso em: 15 maio 2022.

CIDH – Corte Interamericana de Direitos Humanos. **Caso do Povo Indígena Xucuru e seus membros vs. Brasil**. Sentença de 5 de fevereiro de 2018. Disponível em: <https://www.corteidh.or.cr/docs/casos/articulos/seriec_346_por.pdf>. Acesso em: 15 maio 2022.

CIDH – Corte Interamericana de Direitos Humanos. **Caso Favela Nova Brasília vs. Brasil**. Sentença de 16 de fevereiro de 2017. Disponível em: <https://www.corteidh.or.cr/docs/casos/articulos/seriec_333_por.pdf>. Acesso em: 15 maio 2022.

CIDH – Corte Interamericana de Direitos Humanos. **Caso Myrna Mack Chang vs. Guatemala**. Sentencia de 25 de noviembre de 2003. Disponível em: <https://www.corteidh.or.cr/docs/casos/articulos/seriec_101_esp.pdf>. Acesso em: 15 maio 2022.

CIDH – Corte Interamericana de Direitos Humanos. **Caso Trabajadores Cesados del Congreso (Aguado Alfaro y otros) vs. Perú**. 2006. Disponível em: <https://www.corteidh.or.cr/docs/casos/articulos/seriec_158_esp.pdf>. Acesso em: 15 maio 2022.

CIDH – Corte Interamericana de Direitos Humanos. **Caso Trabalhadores da Fazenda Brasil Verde vs. Brasil**. Sentença de 20 de outubro de 2016. Disponível em: <https://www.corteidh.or.cr/docs/casos/articulos/seriec_318_por.pdf>. Acesso em: 15 maio 2022.

CIDH – Corte Interamericana de Direitos Humanos. **Caso Trabalhadores demitidos do Congresso vs. Peru**. 2006.

CIDH – Comissão Interamericana de Direitos Humanos. **Convenção Americana de Direitos Humanos**. 22 nov. 1969. Disponível em: <https://www.cidh.oas.org/basicos/portugues/c.convencao_americana.htm>. Acesso em: 8 mar. 2022.

CIJ – Corte Internacional de Justiça. **Statute of the International Court of Justice**. 26 June 1945. Disponível em: <https://www.icj-cij.org/en/statute>. Acesso em: 8 mar. 2022.

CLÈVE, C. M. **O direito e os direitos**: elementos para uma crítica do direito contemporâneo. 3. ed. Belo Horizonte: Fórum, 2011.

CLÈVE, C. M. **Temas de direito constitucional**. 2. ed. Belo Horizonte. Fórum, 2014.

CLÈVE, C. M.; LORENZETTO, B. M. Dilemas na eficácia dos direitos fundamentais. In: HACHEM, D. W.; GABARDO, E.; SALGADO, E. D. (Coord.). **Direito administrativo e suas transformações atuais**: homenagem ao professor Romeu Felipe Bacellar Filho. Curitiba: Íthala, 2016. p. 45-64.

COLÔMBIA. Constituição (1991). Disponível em: <https://siteal.iiep.unesco.org/sites/default/files/sit_accion_files/siteal_colombia_2000.pdf>. Acesso em: 8 mar. 2022.

COMPARATO, F. K. **Afirmação histórica dos direitos humanos**. 7. ed. São Paulo: Saraiva, 2010.

CONVENÇÃO de Viena sobre o Direito dos Tratados. Disponível em: <https://siabi.trt4.jus.br/biblioteca/direito/legislacao/convencoes/convencao_viena_direito_tratados.pdf>. Acesso em: 8 mar. 2022.

CRETELLA NETO, J. **Curso de direito internacional econômico**. São Paulo: Saraiva, 2012.

CRETELLA NETO, J. Origem e necessidade das organizações internacionais. In: CASELLA, P. B.; RAMOS, A. de C. (Org.). **Direito internacional**: homenagem a Adherbal Meira Mattos. São Paulo: Quartier Latin, 2009.

CUNHA, B. Q.; GOELLNER, I. de A. As agências reguladoras brasileiras no século XXI: enraizamento institucional e características organizacionais em perspectiva comparada. In: CAVALCANTE, P. L. C.; SILVA, M. S. (Org.). **Reformas do Estado no Brasil**: trajetórias, inovações e desafios. Brasília: Cepal; Rio de Janeiro: Ipea, 2020. p. 247-276.

DALLARI, D. de A. **Elementos da teoria geral do Estado**. 33. ed. São Paulo: Saraiva, 2016.

DIMOULIS, D.; PAGLIARINI, A. C. (Coord.). **Direito constitucional internacional dos direitos humanos**. Belo Horizonte: Fórum, 2012.

DRUCKER, P. **Sociedade pós-capitalista**. Tradução de Nivaldo Montingelli Júnior. São Paulo: Pioneira, 2010.

DUNANT, H. **A Memory of Solferino**. Geneva: International Commitee of the Red Cross, 1939/1959 [1862].

DUPUY, P.-M. Soft Law and the International Law of the Environment. **Michigan Journal of International Law**, v. 12, n. 2, p. 420-435, 1990. Disponível em: <https://repository.law.umich.edu/cgi/viewcontent.cgi?article=1648&context=mjil>. Acesso em: 8 mar. 2022.

DWORKIN, R. Constitucionalismo e democracia. Tradução de Emílio Peluso Neder Meyer. **European Journal oh Philosophy**, v. 3, n. 1, p. 2-11, 1995.

DWORKIN, R. **O direito da liberdade**: a leitura moral da Constituição norte-americana. Tradução de Marcelo Brandão Cipolla. São Paulo: M. Fontes, 2006.

EQUADOR. Constituição (2008). Disponível em: <https://siteal.iiep.unesco.org/sites/default/files/sit_accion_files/siteal_ecuador_6002.pdf>. Acesso em: 8 mar. 2022.

FACHIN, M. G. **Fundamentos dos direitos humanos**: teoria e práxis na cultura da tolerância. Rio de Janeiro: Renovar, 2009.

FACHIN, M. G. (Org.). **Guia de proteção dos direitos humanos**: sistemas internacionais e sistema constitucional. Curitiba: InterSaberes, 2019.

FACHIN, M. G.; ROBL FILHO, I. N.; TOMIO, F. R. de L. Os contextos interamericano e europeu de proteção dos direitos humanos: uma breve análise comparativa das decisões das cortes regionais. **Revista da Faculdade de Direito UFPR**, v. 61, n. 3, set./dez. 2016.

FACHIN, Z. **Curso de direito constitucional**. 3. ed. São Paulo: Método, 2008.

FACHIN, Z.; SAMPAR, R. Soberania e ordenamento jurídico. In: DIMOULIS, D.; PAGLIARINI, A. C. (Coord.). **Direito constitucional internacional dos direitos humanos**. Belo Horizonte: Fórum, 2012. p. 193-210.

FEATHERSTONE, M. **Cultura global**: nacionalismo, globalização e modernidade. Tradução de Atílio Brunetto. 3. ed. Rio de Janeiro: Vozes, 1999.

FERRAJOLI, L. **A soberania no mundo moderno**: nascimento e crise do Estado nacional. Tradução de Carlo Coccioli e Márcio Lauria Filho. São Paulo: M. Fontes, 2002.

FISHLOW, A.; CARDOSO, E. A. Desenvolvimento econômico na América Latina: 1950-1980. **Revista Brasileira de Economia**, Rio de Janeiro, v. 44, n. 3, p. 311-335, jul./set. 1990. Disponível em: <https://bibliotecadigital.fgv.br/ojs/index.php/rbe/article/download/456/6647/16782>. Acesso em: 10 maio 2022.

FLORES, J. H. **A reinvenção dos direitos humanos**. Tradução de Carlos Alberto Diogo Garcia, Antonio Henrique Graciano Suxberger e Jefferson Aparecido Dias. Florianópolis. Fundação Boiteux, 2009.

FLORES, J. H. **El proceso cultural**: materiales para la creatividad humana. Sevilla: Aconcagua, 2005.

FLORIDI, L. (Ed.). **The on Life Manifesto**: Being Human in a Hyperconnected Era. Oxford: Springer Open Oxford Internet Institute, 2009. Disponível em <https://link.springer.com/content/pdf/10.1007%2F978-3-319-04093-6.pdf>. Acesso em: 8 mar. 2022.

FRAGA, M. **O conflito entre tratado internacional e norma de direito interno**: estudo analítico da situação do tratado na ordem jurídica brasileira. Rio de Janeiro: Forense, 1998.

FRÉDÉRIC, M. As Américas: unidade ou neocolonialismo? Uma introdução histórica – globalização e espaço latino-americano. In: SANTOS, M. et al. (Org.). **O novo mapa do mundo**: fim de século e globalização. São Paulo: Hucitec; Annablume, 2000. p. 15-58.

FREITAS, V. P. de. O Poder Judiciário e o direito ambiental no Brasil. **Justitia**, São Paulo, v. 65, n. 198, p. 95-107, jan./jul. 2008. Disponível em: <http://www.revistajustitia.com.br/revistas/by0z5x.pdf>. Acesso em: 8 mar. 2022.

FREITAS, V. P. de; COLOMBO, S. R. B. Arbitragem ambiental, condições e limitações para sua utilização no âmbito do direito brasileiro. **Direito Ambiental e Sociedade**, v. 7, n. 2, p. 7-27, 2017. Disponível em: <http://www.ucs.br/etc/revistas/index.php/direitoambiental/article/view/3378/3089>. Acesso em: 8 mar. 2022.

FRIEDMAN, T. L. **The World is Flat**: a Brief History of the Twenty-First Century. New York: Straus and Giroux, 2005.

FUX, L. Cortes supremas, governança e democracia. **TV Justiça**, 23 out. 2020. Disponível em: <https://www.youtube.com/watch?v=fCgnS5Xyfcg>. Acesso em: 8 mar. 2022.

GARAPON, A.; ALLARD, J. **Judges in Globalization**: the New Revolution of Law. Lisboa: Instituto Piaget, 2005.

GARGARELLA, R. **Latin American Constitutionalism**: 1810-2010 – the Engine Room of the Constitution. Oxford: Oxford University Press, 2013.

GARGARELLA. R. O novo constitucionalismo dialógico, frente ao sistema de freios e contrapesos. Tradução de Ilana Aló e Siddharta Legale. In: VIEIRA, J. R.; CAMARGO, M. M. L.; LEGALE, S. (Coord.).

Jurisdição constitucional e direito constitucional internacional. Belo Horizonte: Fórum, 2016. p. 37-75.

GARGARELLA, R. Recientes reformas constitucionales en América Latina: una primera aproximación. **Desarrollo Económico**, v. 36, n. 144, p. 971-990, jan./mar. 1997. Disponível em: <https://www.jstor.org/stable/3467134>. Acesso em: 8 mar. 2022.

GARGARELLA, R.; PÁDUA, T.; GUEDES, J. Constitucionalismo latino--americano: direitos sociais e a "sala de máquinas" da Constituição. **Universitas JUS**, v. 27, n. 2, p. 33-41, 2016. Disponível em: <https://www.publicacoesacademicas.uniceub.br/jus/article/view/4308/3261>. Acesso em: 8 mar. 2022.

GARÍN, A. L. Derechos humanos en clave de Mercosur. **Revista Brasileira de Direito Constitucional**, n. 15, p. 27-37, jan./jun. 2010. Disponível em: <http://www.esdc.com.br/RBDC/RBDC-15/RBDC-15-027-Andrea_Lucas_Garin_(Derechos_Humanos_en_clave_de_MERCOSUR).pdf>. Acesso em: 15 maio 2022.

GONÇALVES, A. Governança global e o direito internacional público. In: JUBILUT, L. L. (Coord.). **Direito internacional atual**. Rio de Janeiro: Elsevier, 2014. p. 83-101.

GROTIUS, H. **O direito da guerra e da paz** [De jure belli ac pacis]. Tradução de Ciro Mioranza. 2. ed. Ijuí: Unijuí, 2005 [1651]. v. 1.

GUÉHENNO, J.-M. **O futuro da liberdade**: a democracia no mundo globalizado. Tradução de Rejane Janowitzer. Rio de Janeiro: Bertrand Brasil, 2003.

GUERRA, S. **Curso de Direito internacional público**. 11. ed. São Paulo: Saraiva, 2017.

GUERRA, S. **Direitos humanos e o controle de convencionalidade**. 3. ed. Curitiba: Instituto Memória, 2020.

GUERRA, S. **Direitos humanos na ordem jurídica internacional e reflexos na ordem constitucional brasileira**. Rio de Janeiro: Lumen Juris, 2008.

GUERRA, S. **Direito internacional público**. 3. ed. Rio de Janeiro: Freitas Bastos, 2007.

GUERRA, S. **Estado e direitos humanos em tempos de crise**. 2. ed. Curitiba: Instituto Memória; Centro de Estudos da Contemporaneidade, 2019.

GUERRA, S.; PRONER, C. **Direito internacional humanitário e a proteção internacional do indivíduo**. Porto Alegre: S. A. Fabris, 2003.

GUERRA, S.; TONETTO, F. F. A proteção internacional dos direitos humanos e a construção de valores intangíveis da humanidade. **Revista Acadêmica de Direito da Unigranrio**, Rio de Janeiro, v. 9, n. 2, 2019. Disponível em: <http://publicacoes.unigranrio.edu.br/index.php/rdugr/article/view/5916/2991>. Acesso em: 8 mar. 2022.

HÄBERLE, P. **Estado constitucional cooperativo**. Tradução de Marcos Maliska e Elisete Antoniuk. Rio de Janeiro: Renovar, 2007.

HÄBERLE, P. **Hermenêutica constitucional**: a sociedade aberta dos intérpretes da Constituição – contribuição para a interpretação pluralista e "procedimental" da Constituição. Tradução de Gilmar Ferreira Mendes. Porto Alegre: S. A. Fabris, 2002.

HÄBERLE, P. **Libertad, igualdad, fraternidad**: 1789 como historia, actualitad y futuro del Estado constitucional. Madrid: Minima Trotta, 1998.

HABERMAS, J. **Direito e democracia**: entre facticidade e validade. Tradução de Flávio Beno Siebeneischler. Rio de Janeiro: Tempo Brasileiro, 1997.

HABERMAS, J. **Teoria do agir comunicativo**. Tradução de Thomas McCarthy. Boston: Beacon Press, 1984. v. 1.

HALL, S. **A identidade cultural na pós-modernidade**. Tradução de Tomaz Tadeu da Silva e Guaracira Lopes Louro. 10. ed. Rio de Janeiro: DP&A, 2005.

HARVEY, D. **O enigma do capital e as crises do capitalismo**. Tradução de João Alexandre Peschanski. São Paulo: Boitempo, 2011.

HAYEK, F. A. **The Constitution of Liberty**. Chicago: The University of Chicago Press, 1979.

HELD, D. Global Politics at a Crossroads. **Open Democracy**, 23 out. 2017. Disponível em: <https://www.opendemocracy.net/en/global-politics-at-crossroads/>. Acesso em: 8 mar. 2022.

HERZ, M.; HOFFMAN, A. R. **Organizações internacionais**: história e práticas. Rio de Janeiro: Elsevier, 2004.

HESSE, K. **A força normativa da Constituição**. Tradução de Gilmar Ferreira Mendes. Porto Alegre: S. A. Fabris, 1991.

HOBBES, T. **O Leviathan**. London: Oxford University Press, 1965 [1651].

HOBSBAWM, E. **Globalização, democracia e terrorismo**. Tradução de José Viegas Filho. São Paulo: Companhia das Letras, 2007.

HURRELL, A. On Global Order: Power, Values, and the Constitution of International Society. **Oxford Scholarship Online**, Jan. 2008. Disponível em: <https://oxford.universitypressscholarship.com/view/10.1093/acprof:oso/9780199233106.001.0001/acprof-9780199233106-chapter-12>. Acesso em: 8 mar. 2022.

KANT, I. **A paz perpétua**: um projeto filosófico. Tradução de Artur Mourão. Covilhã: LusoSofia Press, 2008.

KANT, I. **Ideia de uma história universal de um ponto de vista cosmopolita**. Edição bilíngue alemão/português. Tradução de Rodrigo Naves e Ricardo R. Terra. São Paulo: Brasiliense, 1986.

KEYNES, J. M. **Economia**. Tradução de Miriam Moreira Leite. São Paulo: Ática, 1978.

KRATOCHWIL, F. On the Notion of "Interest" in International Relations. **International Organization**, v. 36, issue 1, p. 1-30, 1982.

LAFER, C. **Comércio, desarmamento, direitos humanos**: reflexões sobre uma experiência diplomática. São Paulo: Paz e Terra, 1999.

LAFER, C. **Direitos humanos**: um percurso no direito no século XXI. São Paulo: Atlas, 2015. v. 1.

LANDAU, D. Abusive Constitutionalism. **UC Davis Law Review**, Estados Unidos, v. 47, n. 1, p. 189-260, nov. 2013. Disponível em: <https://lawreview.law.ucdavis.edu/issues/47/1/articles/47-1_Landau.pdf>. Acesso em: 8 mar. 2022.

LECHNER, N. **O significado dos direitos humanos para os países capitalistas desenvolvidos**. Rio de Janeiro: Civilização Brasileira, 1979. (Encontros com a Civilização Brasileira, v. 10).

LIMA, J. **Emendas constitucionais inconstitucionais**: democracia e supermaioria. Rio de Janeiro: Lumem Juris, 2019.

LIMA, J. N.; BEÇAK, R. Emenda constitucional e constitucionalismo político: a potencial moderação das críticas ao controle judicial de constitucionalidade. **Conpedi Law Review**, Florianópolis, v. 2, n. 4, p. 275-296, 2016.

LOCKE, J. **Segundo tratado sobre o governo civil – e outros escritos**: ensaio sobre a origem, os limites e os fins verdadeiros do governo civil. Tradução de Magda Lopes e Marisa Lobo da Costa. Petrópolis: Vozes, 1994.

MAGALHÃES, J. C. de. **Direito econômico internacional**: tendências e perspectivas. 2. ed. Curitiba: Juruá, 2017.

MAGALHÃES, J. L. Q. de. **O Estado plurinacional e o direito internacional moderno**. Curitiba: Juruá, 2012.

MAGALHÃES, J. L. Q. de. O novo constitucionalismo latino-americano. In: SOARES, M. L. Q.; SOUZA, M. C. de. **A interface dos direitos humanos e o direito internacional**. Belo Horizonte: Fórum, 2015. p. 239-256. t. 1.

MAHLKE, H. **Direito internacional dos refugiados**: novo paradigma jurídico. Belo Horizonte: Arraes, 2017.

MARINONI, L. G. Controle de convencionalidade na perspectiva do direito brasileiro. In: MARINONI, L. G.; MAZZUOLI, V. de O. (Coord.). **Controle de convencionalidade**: um panorama latino-americano – Brasil, Argentina, Chile, México, Peru, Uruguai. Brasília: Gazeta Jurídica, 2013. p. 57-85.

MARINONI, L. G. **Precedentes obrigatórios**. 6. ed. São Paulo: Revista dos Tribunais, 2020.

MARINONI, L. G.; ARENHART, S. C. Accountability e transparência da Justiça Civil no Brasil. In: MITIDIERO, D. (Org.). **Accountability e transparência da Justiça Civil**: uma perspectiva comparada. São Paulo: RT, 2019. p. 65-82.

MARINONI, L. G.; MITIDIERO, D. **Repercussão geral no recurso extraordinário**. 2. ed. São Saulo: Revista dos Tribunais, 2009.

MARRAFON, M. A. **O caráter complexo da decisão em matéria constitucional**: discursos sobre a verdade, radicalização hermenêutica e fundação ética na práxis jurisdicional. Rio de Janeiro: Lumen Juris, 2010.

MARX, K; ENGELS, F. **O manifesto comunista**. Rio de Janeiro: Zahar, 2006 [1848].

MAZZUOLI, V. de O. As determinações da OMS são vinculantes ao Brasil? **Jusbrasil**, 2020. Disponível em: <https://oab.jusbrasil.com.br/noticias/825596175/artigo-as-determinacoes-da-oms-sao-vinculantes-ao-brasil-por-valerio-de-oliveira-mazzuoli>. Acesso em: 8 mar. 2022.

MAZZUOLI, V. de O. **Curso de direito internacional público**. 7. ed. São Paulo: Revista dos Tribunais, 2013a.

MAZZUOLI, V. de O. **Curso de direitos humanos**. 2. ed. São Paulo: Saraiva, 2015.

MAZZUOLI, V. de O. Teoria geral do controle de convencionalidade no direito brasileiro. In: MARINONI, L. G.; MAZZUOLI, V. de O. (Coord.). **Controle de convencionalidade:** um panorama latino-americano – Brasil, Argentina, Chile, México, Peru, Uruguai. Brasília: Gazeta Jurídica, 2013b. p. 3-56.

MELLO, C. A. **A soberania através da história**. Anuário Direito à Globalização. Rio de Janeiro: Renovar, 1999.

MELLO, C. D. de A. **Curso de direito internacional público**. 15. ed. Rio de Janeiro: Renovar, 2004.

MELLO, C. D. de A. **Direitos humanos e conflitos armados**. Rio de Janeiro: Renovar, 1997.

MELLO, C. D. de A. O §2° do art. 5° da Constituição Federal. In: TORRES, R. L. (Org.). **Teoria dos direitos fundamentais**. 2. ed. Rio de Janeiro: Renovar, 2001.

MELLO, P. P. C. Constitucionalismo, transformação e resiliência democrática no Brasil: o ius constitucionale commune na América Latina tem uma contribuição a oferecer? **Revista Brasileira de Políticas Públicas**, v. 9, n. 2, p. 254-286, ago. 2019. Disponível em: <https://www.publicacoesacademicas.uniceub.br/RBPP/article/view/6144>. Acesso em: 15 maio 2022.

MELO, F. **Direitos humanos**. Rio de Janeiro: Forense; São Paulo: Gen, 2016.

MERCADANTE, A. de A.; CELLI JUNIOR, U.; ARAÚJO, L. R. de. **Blocos econômicos e integração na América Latina, África e Ásia**. Curitiba: Juruá, 2011.

MICKLETHWAIT, J.; WOOLDRIDGE, A. **A quarta revolução**: a corrida global para reinventar o Estado. Tradução de Afonso Celso da Cunha. São Paulo: Portifólio-Penguim, 2015.

MIRANDA, J. **Constituição e democracia**. In: MIRANDA, J.; MENEZES, F. A. D.; SILVEIRA, J. J. C. da (Coord.). **Justiça constitucional**. São Paulo: Almedina, 2018.

MIRANDA, J. **Manual de direito constitucional**. 3. ed. Coimbra: Coimbra, 2000. t. 4: direitos fundamentais.

MITIDIERO, D. (Coord.). **Accountability e transparência da justiça civil**: uma perspectiva comparada. São Paulo: Revista dos Tribunais, 2019.

MITIDIERO, D. **Cortes superiores e cortes supremas**: do controle à interpretação, da jurisprudência ao precedente. São Paulo: Revista dos Tribunais, 2013.

MONTORO, F. Filosofia do direito e colonialismo cultural: transplante de institutos jurídicos inadequados à realidade brasileira. **Revista de Informação Legislativa**, Brasília, v. 10, n. 37, p. 3-20, jan./mar. 1979. Disponível em: <https://www2.senado.leg.br/bdsf/item/id/180754>. Acesso em: 8 mar. 2022.

MOUFFE, C. (Ed.). **Dimensions of Radical Democracy**: Pluralism, Citizenship, Community. London: Verso, 1992. (Phronesis Series).

MOUFFE, C. **El retorno de lo político**: comunidad, ciudadanía, pluralismo, democracia radical. Barcelona: Paidós, 1999.

NASSER, S. H. Desenvolvimento, costume internacional e soft law. In: AMARAL JÚNIOR, A. do. (Org.). **Direito internacional e desenvolvimento**. Barueri: Manole, 2005a. p. 201-208.

NASSER, S. H. Jus cogens, ainda esse desconhecido. **Direito GV**, v. 1, n. 2, p. 161-178, jun./dez. 2005b. Disponível em: <https://bibliotecadigital.fgv.br/ojs/index.php/revdireitogv/article/view/35233/34033>. Acesso em: 8 mar. 2022.

NEVES, M. Do diálogo entre as cortes supremas e a Corte Interamericana de Direitos Humanos ao transconstitucionalismo na América Latina. In: GALINDO, G. R. B.; URUEÑA, R.; PÉREZ, A. T. (Coord.). **Proteção multinível dos direitos humanos**. Barcelona: Universitat Pompeu Fabra, 2014a. p. 259-312.

NEVES, M. Do diálogo entre as cortes supremas e a Corte Interamericana de Direitos Humanos ao transconstitucionalismo na América Latina. **Revista de Informação Legislativa**, ano 51, n. 201, p. 193-214, jan./mar. 2014b. Disponível em: <https://www2.senado.leg.br/bdsf/bitstream/handle/id/502958/001002791.pdf?sequence=1&isAllowed=y>. Acesso em: 8 mar. 2022.

NINO, C. S. **La contitución de la democracia deliberativa**. Barcelona: Gedisa, 1997.

NOVAIS, J. R. **A dignidade da pessoa humana**: dignidade e inconstitucionalidade. Coimbra: Almedina, 2016. v. 2.

NOWAK, B.; BONATTO, M.; FERREIRA, G. P. O Sistema Africano de Proteção aos Direitos Humanos. In: FACHIN, M. G. (Org.). **Guia de proteção dos direitos humanos**: sistemas internacionais e sistema constitucional. Curitiba: InterSaberes, 2019. p. 174-216.

NUNES JÚNIOR, V. S. Direitos sociais. Abr. 2017. (Tomo Direito Administrativo e Constitucional). **Enciclopédia Jurídica da PUCSP**. Disponível em: <https://enciclopediajuridica.pucsp.br/verbete/54/edicao-1/direitos-sociais>. Acesso em: 8 mar. 2022.

OEA – Organização dos Estados Americanos. **Carta da Organização dos Estados Americanos**. Colômbia, Bogotá, 1948. Disponível em: <https://www.cidh.oas.org/basicos/portugues/q.carta.oea.htm>. Acesso em: 8 mar. 2022.

OEA – Organização dos Estados Americanos. **Carta Democrática Interamericana**. 2006. Disponível em: <http://www.oas.org/pt/democratic-charter/pdf/demcharter_pt.pdf>. Acesso em: 8 mar. 2022.

OEA – Organização dos Estados Americanos. **Protocolo Adicional à Convenção Americana sobre Direitos Humanos em Matéria de Direitos Econômicos, Sociais e Culturais, "Protocolo de San Salvador"**. San Salvador, El Salvador, 17 nov. 1988. Disponível em: <http://www.cidh.org/basicos/portugues/e.protocolo_de_san_salvador.htm>. Acesso em: 27 nov. 2021.

OIT - Organização Internacional do Trabalho. **Convenção n. 105, de 17 de janeiro de 1959**. Disponível em: <https://www.ilo.org/brasilia/convencoes/WCMS_235195/lang--pt/index.htm>. Acesso em: 8 mar. 2022.

OIT - Organização Internacional do Trabalho. **Convenção n. 107, de 5 de junho de 1957**. Disponível em: <https://www.oas.org/dil/port/1957%20Conven%C3%A7%C3%A3o%20sobre%20Povos%20Ind%C3%ADgenas%20e%20Tribais.%20(Conven%C3%A7%C3%A3o%20OIT%20n%20%C2%BA%20107).pdf>. Acesso em: 8 mar. 2022.

OIT - Organização Internacional do Trabalho. **Convenção n. 158, de 23 de novembro de 1985**. Disponível em: <https://www.conjur.com.br/dl/convencao-oit-158.pdf>. Acesso em: 8 mar. 2022.

OIT - Organização Internacional do Trabalho. **Convenção n. 169, de 7 de junho de 1989**. Disponível em: <https://www.oas.org/dil/port/1989%20Conven%C3%A7%C3%A3o%20sobre%20Povos%20Ind%C3%ADgenas%20e%20Tribais%20Conven%C3%A7%C3%A3o%20OIT%20n%20%C2%BA%20169.pdf>. Acesso em: 8 mar. 2022.

OLSEN, A. C. L.; PAMPLONA, D. A. Violações a direitos humanos por empresas transnacionais na América Latina: perspectivas de responsabilização. **Direitos Humanos e Democracia**, Ijuí, v. 7, n. 13, p. 129-151, jan./jun. 2019. Disponível em: <https://www.revistas.unijui.edu.br/index.php/direitoshumanosedemocracia/article/view/8496>. Acesso em: 8 mar. 2022.

ONU - Organização das Nações Unidas. **Carta das Nações Unidas**. Estados Unidos, São Francisco, 1945. Disponível em: <https://brasil.un.org/sites/default/files/2021-08/A-Carta-das-Nacoes-Unidas.pdf>. Acesso em: 8 mar. 2022.

ONU - Organização das Nações Unidas. **Resolution n. 48/141**. 7 jan. 1994. Disponível em: <https://undocs.org/em/A/RES/48/141>. Acesso em: 8 mar. 2022.

ONU – Organização das Nações Unidas. **Resolution n. 60/251**. 3 abr. 2006. Disponível em: <https://www2.ohchr.org/english/bodies/hrcouncil/docs/A.RES.60.251_En.pdf>. Acesso em: 8 mar. 2022.

ONU – Organização das Nações Unidas. **Resolution n. 64/292**. 28 jul. 2010. Disponível em: <https://undocs.org/A/RES/64/292>. Acesso em: 8 mar. 2022.

ONU – Organização das Nações Unidas. **Resolution n. 1.996/31**. 25 jul. 1996. Disponível em: <https://www.unov.org/documents/NGO/NGO_Resolution_1996_31.pdf>. Acesso em: 8 mar. 2022.

PARAGUAI. Constituição (1992). Disponível em: <https://siteal.iiep.unesco.org/sites/default/files/sit_accion_files/py_3054.pdf>. Acesso em: 8 mar. 2022.

PEGORARO, L. La circulación, la recepción y la hibridación de los modelos de justicia constitucional. **Anuario Iberoamericano de Justicia Constitucional**, n. 6, p. 393-416, 2002. Disponível em: <https://dialnet-unirioja-es.translate.goog/servlet/articulo?codigo=1975594&_x_tr_sl=es&_x_tr_tl=pt&_x_tr_hl=pt-BR&_x_tr_pto=nui,sc>. Acesso em: 8 mar. 2022.

PEGORARO, L. La utilización del derecho comparado por parte de las cortes constitucionales: un análisis comparado. In: PEGORARO, L. et al. **Soberania y derecho convencional, entre poder de reforma y jueces**: estudios de derecho constitucional. Santiago: Universidad de Bolonia; Ojelik, 2015. p. 393-416. Disponível em: <https://dialnet.unirioja.es/servlet/articulo?codigo=4222591>. Acesso em: 8 mar. 2022.

PERNICE, I. E. A. The Treaty of Lisbon: Multilevel Constitutionalism in Action. **Columbia Journal of European Law**, v. 15, n. 3, p. 349-407, Jun. 2009. Disponível em: <https://papers.ssrn.com/sol3/papers.cfm?abstract_id=1326114#>. Acesso em: 8 mar. 2022.

PETERSMANN, E.-U. **Constitucional Functions and Constitucional Problems of Internacional Economic Law**: International and Domestic Foreign Trade Law and Foreign Trade Policy in the United States, the European Community and Switzerland. New York: Routledge Press, 2018.

PETERSMANN, E.-U. **German and European Ordo-Liberalism and Constitutionalism in the Post-War Development of International Economic Law**. San Domenico di Fiesole: [s.n.], 2020. EUI Working Paper LAW 2020/01. Disponível em: <https://cadmus.eui.eu/bitstream/handle/1814/66868/LAW_2020_01.pdf?sequence=1&isAllowed=y>. Acesso em: 8 mar. 2022.

PETERSMANN, E.-U.; HARRISON, J. **Reforming the World Trading System**: Legitimacy, Efficiency and Democratic Governance. New York: Oxford University Press, 2005.

PINHEIRO, D. M. **Soberania, globalização, sistemas de proteção de direitos humanos e o controle de convencionalidade no âmbito do Supremo Tribunal Federal numa nova perspectiva**. Tese (Doutorado em Direito Econômico e do Desenvolvimento) – Programa de Pós-Graduação da Pontifícia Universidade Católica do Paraná, Curitiba, 2021.

PINHEIRO, D. M.; FREITAS, V. P. de. La adóption de políticas públicas para "migrantes forzados" en Brasil: las possibilidades y los obstáculos, y los limites dell deber de assistência em el contexto actual. In: ALISEDA, J. M.; VELARDE, J. G.; CASTANHO, R. A. (Ed.). **Planeamiento sectorial**: recursos hídricos, espacio rural y fronteras. [s.l.]: Thomson Reuters; Aranzadi, 2019. p. 437-458.

PINHEIRO, D. M.; WINTER, L. A. C. A crise no sistema global da ONU e a necessidade de fortalecimento de mecanismos de proteção aos direitos humanos: uma confluência entre a soft law e a obrigatoriedade da observância do controle de convencionalidade no direito brasileiro. In: PAMPLONA, D. A. et al. (Org.). **Novas reflexões sobre o Pacto Global e os ODS da ONU**: Comissão do Pacto Global da OAB/PR. Curitiba: NCA Comunicação e Editora, 2020. p. 569-584.

PINKER, S. **O novo iluminismo**: em defesa da razão, da ciência e do humanismo. Tradução de Laura Teixeira Motta e Pedro Maia Soares. São Paulo: Companhia das Letras, 2018.

PIOVESAN, F. A Constituição Brasileira de 1988 e os tratados internacionais de proteção dos direitos humanos. In: STJ – Superior Tribunal de Justiça. **A proteção internacional aos direitos humanos e o Brasil**. Brasília, 2000. p. 87-104. Disponível em: <https://www.stj.jus.br/publicacaoinstitucional/index.php/API/article/view/3516/3638>. Acesso em: 8 mar. 2022.

PIOVESAN, F. A **Constituição de 1988 e os tratados internacionais de proteção dos direitos humanos**. Palestra proferida em 16 de maio de 1996. Disponível em: <http://www.pge.sp.gov.br/centrodeestudos/revistaspge/revista3/rev6.htm>. Acesso em: 8 mar. 2022.

PIOVESAN, F. Direitos humanos e diálogos de jurisdições. **Revista Brasileira de Direito Constitucional**, n. 19, p. 67-93, jan./jun. 2012. Disponível em: <http://www.esdc.com.br/RBDC/RBDC-19/RBDC-19-067-Artigo_Flavia_Piovesan_(Direitos_Humanos_e_Dialogo_entre_Jurisdicoes).pdf>. Acesso em: 8 mar. 2022.

PIOVESAN, F. **Direitos humanos e o direito constitucional internacional**. 16. ed. São Paulo: Saraiva, 2016.

PIOVESAN, F. **Temas de direitos humanos**. 7. ed. São Paulo: Saraiva, 2014.

PNUD – Programa das Nações Unidas para o Desenvolvimento. **PNUD lança iniciativa para discutir nova governança na América Latina e Caribe**. 2 set. 2020. Disponível em: <https://www.br.undp.org/content/brazil/pt/home/presscenter/articles/2020/pnud-lanca-iniciativa-para-discutir-nova-governanca-na-america-l.html>. Acesso em: 8 mar. 2022.

POPPER, K. **Conjecturas e refutações**. Tradução de Sérgio Bath. 2. ed. Brasília: Ed. da UnB, 1982.

POSNER, E. A.; FIGUEIREDO, M. F. P. de. Is the International Court of Justice Biased? **Journal of Legal Studies**, v. 34, n. 2, p. 599-630, June 2005.

POSNER, E. A. International Law: a Welfarist Approach. **The University of Chicago Law Review**, v. 73, n. 2, 2006. Disponível em: <https://chicagounbound.uchicago.edu/uclrev/vol73/iss2/1/>. Acesso em: 8 mar. 2022.

PREBISCH, R. O desenvolvimento econômico da América Latina e alguns de seus problemas principais. In: BIELSCHOWSKY, R. (Org.). **Cinquenta anos de pensamento na Cepal**. Tradução de Vera Ribeiro. Rio de Janeiro: Record, 1998.

RAMOS, A. de C. **Curso de direitos humanos**. 2. ed. São Paulo: Saraiva, 2015.

RAMOS, A. de C. **Teoria geral dos direitos humanos na ordem internacional**. 2. ed. São Paulo: Saraiva, 2012.

RAZ, J. **The Authority of Law**: Essays on Law and Morality. 2. ed. Oxford: Oxford University Press, 2009.

REZEK, F. **Direito internacional público**: curso elementar. 11. ed. São Paulo: Saraiva, 2008.

RIBAS, A.C.; LIMA, D. D. de; SAKARO, S. R. Sistema europeu de proteção aos direitos humanos. In: FACHIN, M. G. (Org.). **Guia de proteção dos direitos humanos**: sistemas internacionais e sistema constitucional. Curitiba: InterSaberes, 2019. p. 51-77.

RIBEIRO, P. H. **As relações entre o direito internacional e o direito interno**: conflito entre o ordenamento brasileiro e normas do Mercosul. Belo Horizonte: Del Rey, 2001.

RODE, R. **GATT and Conflict Management**: a Transatlantic Strategy for a Stronger Regime. New York: Routledge, 2018.

RODRIGUES, H. W. O uso do discurso de proteção aos direitos humanos como veículo da dominação exercida pelos Estados Centrais. In: ANNONI, D. (Coord.). **Direitos humanos & poder econômico**: conflitos e alianças. Curitiba: Juruá, 2005. p. 15-33.

ROSENAU, J. N. Governance Order and Change in World Politics. In: ROSENAU, J. N.; CZEMPIEL, E.-O. **Governance Without Government**: Order and Change in World Politics. Cambridge: Cambridge University Press, 2005. p. 1-29.

ROUSSEAU. J.-J. **O contrato social**. Tradução de Paulo Neves. Porto Alegre: L&PM, 2007 [1762].

RUSSEL, B. **Porque os homens vão à guerra**. Tradução de Renato Prelorentzou. São Paulo: Ed. da Unesp, 2014.

SACHS, I. **Desenvolvimento**: includente, sustentável, sustentado. Rio de Janeiro: Garamond, 2008.

SAGÜÉS, N. P. El control de convencionalidad como instrumento para la elaboración de un ius commune interamericano. In: BOGDANDY, A. V.; MAC-GREGOR, E. F.; ANTONAZZI, M. M. (Coord.). **La Justicia Constitucional y su internacionalización**: ¿hacia un ius constitucionale commune em América Latina? Ciudad de México: Instituto de Investigaciones Jurídicas de la Unam, 2010a. t. II. p. 449-468.

SAGÜÉS, N. P. **El control de convencionalidad, en particular sobre las constituciones nacionales**. Madrid: La Ley, 2009.

SAGÜÉS, N. P. Obligaciones internacionales y control de convencionalidad: International obligations and "conventionality control. **Estudios Constitucionales**, Madrid, año 8, n. 1, p. 117-136, 2010b.

SAMPAIO, J. A. L. **Direitos fundamentais**. 2. ed. Belo Horizonte: Del Rey, 2010.

SARLET, I. W. **A eficácia dos direitos fundamentais**: uma teoria geral dos direitos fundamentais na perspectiva constitucional. 10. ed. Porto Alegre: Livraria do Advogado, 2010.

SARLET, I. W. Notas sobre as relações entre a Constituição Federal de 1988 e os tratados internacionais de direitos humanos na perspectiva do assim chamado controle de convencionalidade. In: MARINONI, L. G.; MAZZUOLI, V. de O. (Coord.). **Controle de convencionalidade**: um panorama latino-americano – Brasil, Argentina, Chile, México, Peru, Uruguai. Brasília: Gazeta Jurídica, 2013. p. 87-114.

SASSEN, S. **Expulsões**: brutalidade e complexidade na economia global. Tradução de Angélica Freitas. Rio de Janeiro: Paz e Terra, 2016.

SCHWAB, K. **A quarta revolução industrial**. Tradução de Daniel Moreira Miranda. São Paulo: Edipro, 2016.

SEINTENFUS, R. **Manual das organizações internacionais**. 2. ed. Porto Alegre: Livraria do Advogado, 2000.

SEN, A. **Desenvolvimento como liberdade**. Tradução de Laura Teixeira Motta. São Paulo: Companhia das Letras, 1999.

SICE – Sistema de Informação de Comércio Exterior; OEA – Organização dos Estados Americanos. **Decisão n. 40/04**: criação da Reunião de Altas Autoridades sobre Direitos Humanos do Mercosul. Belo Horizonte, 2004. Disponível em: <http://www.sice.oas.org/trade/mrcsrs/decisions/dec4004p.asp>. Acesso em: 8 mar. 2022.

SILVA, V. A. da. Integração e diálogo constitucional na América do Sul. In: PIOVESAN, F.; ANTONIAZZI, M. M.; BOGDANDY, A. Von. (Coord.). **Direitos humanos, democracia e integração jurídica na América do Sul**. Rio de Janeiro: Lumen Juris, 2010. p. 515-530.

SISTE, E. Teoria geral das organizações internacionais de integração e cooperação econômica. In: MERCADANTE, A. de A.; CELLI JUNIOR,

U.; ARAÚJO, L. R. de. (Coord.). **Blocos econômicos e integração na América Latina, África e Ásia**. Curitiba: Juruá, 2008. p. 103-112.

SLAUGHTER, A.-M. The Real New World Order. **Foreign Affairs**, v. 76, n. 5, p. 183-197, Sept./Oct. 1997.

SOUSA SANTOS, B. de. Para uma concepção multicultural dos direitos humanos. **Revista Contexto Internacional**, Rio de Janeiro, v. 23, n. 1, p. 7-34, jan./jun. 2001. Disponível em: <http://contextointernacional.iri.puc-rio.br/cgi/cgilua.exe/sys/start.htm?infoid=145&sid=31>. Acesso em: 8 mar. 2022.

SOUSA SANTOS, B. de. (Org.). **Reconhecer para libertar**: os caminhos do cosmopolitismo multicultural. Rio de Janeiro: Civilização Brasileira, 2003.

SOUSA SANTOS, B. de. **Refundación del Estado en América Latina**: perspectivas desde una epistemología del Sur. Peru: Instituto Internacional de Derecho y Sociedad; Programa Democracia y Transformación Global, 2010.

SOUZA CRUZ, Á. V. S. de. **Habermas e o direito brasileiro**. 2. ed. Rio de Janeiro: Lumen Juris, 2008.

STIGLITZ, J. E. **Globalização**: como dar certo. Tradução de Pedro Maia Soares. São Paulo: Companhia das Letras, 2007.

STUENKEL, O. **BRICS e o futuro da ordem global**. Tradução de Adriano Scandolara. Rio de Janeiro; São Paulo: Paz e Terra, 2017.

SÜSSEKIND, A. **Curso de direito do trabalho**. Rio de Janeiro: Renovar, 2002.

TAVARES, A. R. **Reforma do Judiciário no Brasil pós-88**: (des)estruturando a justiça – comentários completos à Emenda Constitucional n. 45/04. São Paulo: Saraiva, 2005.

THERBORN, G. Globalizations: Dimensions, Historical Waves, Regional Effects, Normative Governance. **International Sociology**, v. 15, n. 2, jun. 2000. Disponível em: <https://journals.sagepub.com/doi/10.117 7/0268580900015002002>. Acesso em: 8 mar. 2022.

THORSTENSEN, V. H. A China como membro da OMC e líder das exportações mundiais: desafios e oportunidades para o Brasil. In: FÓRUM DE ECONOMIA DA FUNDAÇÃO GETÚLIO VARGAS, 7., São Paulo, ago. 2010. Disponível em: <http://bibliotecadigital.fgv.br/dspace/handle/10438/15777>. Acesso em: 8 mar. 2022.

THORSTENSEN, V. H. **OMC - Organização Mundial do Comércio**: as regras do comércio internacional e a nova rodada de negociações multilaterais. 2. ed. São Paulo: Aduaneiras, 2001.

THORSTENSEN, V. H.; KOTZIAS, F. **Barreiras regulatórias**: um novo desafio para a governança da OMC. Fundação Getúlio Vargas, Centro de Estudos do Comércio Global e Investimentos, São Paulo, 2015. Disponível em: <http://bibliotecadigital.fgv.br/dspace/handle/10438/16369>. Acesso em: 8 mar. 2022.

TRINDADE, A. A. C. **A proteção internacional dos direitos humanos e o Brasil**. Brasília: Ed. da UnB, 1998.

TRINDADE, A. A. C. **Tratado de direito internacional dos direitos humanos**. 2. ed. Porto Alegre: S. A. Fabris, 2003.

TULCHIN, J. S. **Latin America in International Politics**: Challenging US hegemony. Boulder: Lynne Rienner Publishers, 2016.

TUSHNET, M. Authoritiarian Constitutionalism. **Cornell Law Review**, v. 100, n. 2, p. 391-462, Jan. 2015.

UNESCO - Organização das Nações Unidas para a Educação, a Ciência e a Cultura. **Relatório de monitoramento global da educação**: resumo, 2020 - inclusão e educação: todos, sem exceção. 2020. Disponível em: <https://unesdoc.unesco.org/ark:/48223/pf0000373721_por>. Acesso em: 8 mar. 2022.

URUEÑA, R. A proteção multinível dos direitos humanos na América Latina? Oportunidades, desafios e riscos. In: GALINGO, G. R. B.; URUEÑA, R.; PÉREZ, A. T. (Coord.). **Proteção multinível dos direitos humanos**. Barcelona: Universitat Pompeu Fabra, 2014. p. 15-48.

VALLEJO, M. D. V. **Las organizaciones internacionales**. 8. ed. Madrid: Tecnos, 1994.

VASAK, K. **The International Dimensions of Human Rights**. Westport, Connecticut: Greenwood Press, 1982.

VENTURA, D. **Direito e saúde global**: o caso da pandemia da Gripe A(H1N1). São Paulo: Outras expressões; Dobra, 2013.

VERDÚ, P. L. **Curso de derecho politico**. 2. ed. Madrid: Tecnos, 1992. v. 1.

VERDÚ, P. L. **O sentimento constitucional**: aproximações ao estudo do sentir constitucional como modo de integração política. Tradução de Agassiz Almeida Filho. Rio de Janeiro: Forense, 2004.

VIEIRA, A. C. O direito internacional e as relações internacionais moldados por uma nova estrutura de governança global e regimes internacionais. In: JUBILUT, L. L. (Coord.). **Direito internacional atual**. Rio de Janeiro: Elsevier, 2014. p. 127-154.

VIEIRA, O. V. Webinar – Cortes supremas, governança e democracia. **TV Justiça**, 23 out. 2020. Webinar. Disponível em: <https://www.youtube.com/watch?v=SxXu-384sJI&t=477s>. Acesso em: 8 mar. 2022.

WAMBIER, T. A. A. Precedentes e a evolução do direito. In: WAMBIER, T. A. A. (Coord.). **Direito jurisprudencial**. São Paulo: Revista dos Tribunais, 2013.

WARAT, L. A. **O direito e sua linguagem**. 2. ed. Porto Alegre: S. A. Fabris, 1995.

WEIS, C. **Direitos humanos contemporâneos**. 2. ed. São Paulo: Malheiros, 2010.

WOLKMER, A. C. Pluralismo crítico para um novo constitucionalismo na América Latina. In: WOLKMER, A. C.; MELO, M. P. (Org.). **Constitucionalismo latino-americano**: tendências contemporâneas. Curitiba: Juruá, 2013. p. 19-42.

ZACHER M. W. The Decaying Pillars of the Westphalian Temple: Implications for International Order and Governance. In: ROSENAU, J. N.; CZEMPIEL, E.-O. **Governance Without Government**: Order and Change in World Politics. Cambridge: Cambridge University Press, 2005. p. 58-101.

Sobre a autora

Daniella Maria Pinheiro é pós-doutoranda em Direito e Novas Tecnologias (2021) pela Universitá "Mediterranea" di Reggio Calabria, da Itália; doutora em Direito Econômico e Desenvolvimento (2021) pela Pontifícia Universidade Católica do Paraná (PUCPR); e mestre em Direitos Fundamentais e Democracia (2012) pela UniBrasil – Centro Universitário. Advogada desde 2002, atuou em escritórios de renome nacional e internacional. Atualmente, é professora universitária titular em Direitos Humanos e membro da Comissão do Pacto Global da ONU da OAB-PR (2019-2021). Recebeu o Prêmio Sianee de Educação Inclusiva (2020).

Os papéis utilizados neste livro, certificados por instituições ambientais competentes, são recicláveis, provenientes de fontes renováveis e, portanto, um meio **respons**ável e natural de informação e conhecimento.

FSC
www.fsc.org
MISTO
Papel produzido a partir de fontes responsáveis
FSC® C103535

Impressão: Reproset
Setembro/2022